# インド・から

水島司

山川出版社

# インド・から

インド・から　目次

南インド・チェンナイから南へ60キロ、マハーバリプラムのヒンドゥー石窟寺院群のひとつ、往事の生活を思わせる搾乳のシーンのあるレリーフ。7世紀頃

目次

写真・水島　司
柴永文夫

# 25年ののちに

２００８年１月４日。対向車線から一番遠い道の端を歩きながら、なおかつさらに端へと追い詰めるように対面から疾走してくるバスを避けながら、道を歩いていて前から来る車も後ろから来る車も、場合によっては右からも左からも、どれもこれもが襲いかかってくるように思えるような国はインドだけだろう、と思いながら、1年前に書き始めたこのエッセイをようやく再開する気持ちになる。理由はわからない。ようやく、何とか書けるのではと確信することができるようになったように思う。

ともあれ、25年ぶりに、かつて頻繁に行き来したこのティルチの町（南インドのマドラス、現チェンナイから南西へ３００キロほど下ったティルチラパッリという地方都市。通称ティルチ）を歩くこととなった。インドの道を歩くのは、何かしら決死の覚悟が必要だし、でなくとも暑い。汗と土埃《つちぼこり》にまみれれば、ホテルでの洗濯ものも増える。1歩たりとも歩きたくない。

しかしまあ、歩くといっても、１００メートルにも満たないバスの発着センターに面した食堂に、ヴェジタリアンのターリ（バナナの葉の上に10種類近いおかずとご飯が並ぶ伝統的な南インドの昼食「サッパドゥ」）を食べにいくだけ。折りたたみ傘で日差しを避ければ、息が詰まるような暑さにはならないだろう。ここはひとつ我慢し、それからついでに決死の覚悟もしておく。

## 異なるありかた

そもそも、いったい、4半世紀の月日の経過。インドはどうなったのだろうか。食堂へ歩く途中には、しばしば宿泊し、様々な思い出がこもった「ホテル・タミルナード」が少しも変わらぬ姿のまま佇《たたず》み、何度も行き来したバススタンドは、かつてと同じように人やバスの群れを誇っている。明る過ぎる日差しも、それにも増して明るい人々の表情も、常に端を未舗装のままで残す工事方法のゆえに永遠に消え去らないであろう土埃も、朝のニワトリ以上にけたたましくかつ頻繁に鳴く車のホーンも、以前とまったく変わっていない。

しかし、昨日訪れた村には、大型のパラボラ・アンテナで捉えた衛星放送が家々に配信され、かつて1台もテレビがなかったことはウソのよう。電話を備えた家はもちろん、携帯電話でさえ珍しくもない。かつてはバイクが1台もなかったが、バイクはもちろん、自家用車さえ停まっている。以前は、目新しい農機具としては、せいぜいゴムタイヤをはいた金属製の牛車ぐらいであった。今ではかつて鋤《すき》や牛車を牽《ひ》いた役牛がめっきりと数を減らし、代わって大型のトラクターが村のあちこちに置かれ、ハーヴェスターさえ見かける。

村の仕組みも随分と変わった。村の床屋。以前は家々を訪れ、あるいは道路端で特定のカース

思い出の風景　上はかつての定宿「ホテル・タミルナード」。屋上の大型パラボラ以外、25年前と外観はあまり変わっていない。下は長距離バスの発着所の今。バスや車の数ははるかに増えた

変わった　ブドウ、パパイヤ、パイナップルなどが山積みにされ、見違えるようだ（上）。下は、最近のチェンナイのアンナ・サライ。無法の道路横断が容易にできないように高い柵が設けられている

トに属する人々だけを相手に、毎年毎年の契約で髪を切っていた。今では、村に小さな店を構え、立派な床屋用の椅子さえ置かれている。洗濯人と言えば、これも家々を訪れて洗濯物をかき集め、毎年毎年決まった現物支給と現金支給を受けていたものだ。それが今では、洗濯はそれぞれの家でやるのが当たり前。洗濯機さえ置いてある家があると聞く。特定の仕事を専門におこなうカーストが相互にサービス関係を結び、サービスの網の目で村人たちの生活が成り立つというようなかつての状況とは全く異なるありかたが、村では当たり前になってきているのだ。

変わったのは村だけではない。町の果物屋を訪れれば、そこにはブドウ、パパイヤ、パイナップル、オレンジ、そしてリンゴが所狭しと山積みされている。かつて1970年代の半ば、南インド有数の実業家の家に朝食に招待され、最後にしずしずと出てきたリンゴは、はるか遠くヒマーチャル・プラデーシュ州から航空機で輸送されてきた貴重品であり、しかし皮をむかれたそれは、遠い故郷からひとりっきりで運ばれてきたことを物語るかのように満身創痍《まんしんそうい》の茶色に変色した代物《しろもの》であった。今では、海外からも大量に輸入され、場合によっては日本のそれのように、ひとつひとつクッション材で包まれてさえいる。酒と言えば、かつては、買うことさえ許可証が必要であった。知人に頼まれてスリランカから酒を運んで南インドの空港に降り立ったときに、空港で没収どころか逮捕されそうになり、迎えに来てくださったインド人の有力者にあわてて救い出していただいたことがウソのように、今では町のあちこちに酒屋が店を開き、ビールやラムなどが飾られている。

それだけではない。ひとたび商店街に足を踏み入れれば、そこは商品の洪水。モノでモノであふれ、何でも手に入る。夕方になれば、どこもかしこも商品を求める買い物客であふれかえる。70年代にマドラスに滞在していたときに、目抜きのマウント・ロード(インドでは地名の改称が珍しくなく、現在はアンナ・サライとなっているが、旧称の方がよく通ずる)には、スペンサーと呼ばれる高級デパートが存在し、よく買い物に出かけた。現在は改装されてショッピング・コンプレックスとなっている。何が高級であったかというと、その雰囲気である。というより、雰囲気だけである。デパートの駐車場に着けば、そこから何人かのデパートの売り子(男)が付いてきてくれる(断っても)。しかし、いったん中に足を踏み入れると、そこで売られている商品の種類たるや、大げさに言えばば(大げさでないかもしれない)売り子の数より少ない。このデパートは、今では家族連れであふれかえる庶民的なレジャーの場となっている。まさに隔世の感である。

## 歴史的な変化

そうしたモノに関する変化より何よりも、人がすさまじく動いている。20代の後半に、村の家の屋上で星を眺めながら、毎晩のようにやってきて大笑いしていたかつての村の友人たちの多くは、既に村から消えてしまった。1人は中東へ、1人はアメリカへ、1人はシンガポールへ……。

そして、彼らに代わって新しい世代が育ち、村の家並みも随分と変わってしまった。いったい何が動き、何が動いていないのだろうか。

それよりも何よりも、20代後半の一時期をインドの村や町で過ごした私自身が、4半世紀を過ぎて50代となってしまった。インドを見る目が大きく変わっているかもしれない。インドという国は、しばしば自身を映し出す鏡となるからだ。

環インド洋世界　インド亜大陸を中心にして、アラビア海とベンガル湾を両翼に持つ空間は環インド洋世界とも呼ばれる。古くから、インドの商人が往来し、インド商品やインドの文化が行きわたった世界であった

本書は、1970年代初頭の夏以来、現在に至るまでインドと多かれ少なかれつきあいを続けてきた著者が、インドの村や町の歴史的な変化を、マレーシアや東南アジア各国との幾分の比較をまじえながら、一匙《ひとさじ》の学術的な分析を加えて一般読者向けに書いたものである。「高度成長期」に入ったインドの幾つかの出発点を正確に見据え、現在から未来に至る変化を見通す一助となれば幸いである。

南インド　南インドは、アーンドラ・プラデーシュ、カルナータカ、タミルナード、ケーララの四つの州を指す。それぞれテルグー、カンナダ、タミル、マラヤーラムというドラヴィダ系の言語を基本として独立後に再編された。ドラヴィダ系の言語の系統についてはわかっていないが、北インドのインド・アーリア系の言語とははっきり系統が異なる

カルナータカ州
アーンドラ・プラデーシュ州
タミルナード州
プリカット
ポンネリ
チェンナイ
(マドラス)
マハーバリプラム
ポンディチェリ
バンガロール
セーラム
イーロード
カーヴェーリ河
ティルチ
(ティルチラパッリ)
ネイクラム村
マングディ村
タンジャーヴール
グランド・アニカット
ディンディガル
チェッティナードゥ
マドゥライ
コロマンデル海岸
0 10 20 50 100km

# 口の意味

## インドの村へ

口喧嘩するのはまだ愛が残っている証拠。全てが冷めてしまえば、沈黙と無視が最も小さなエネルギーで最も意味のある意思表示となる。

1979年暮れにネイクラム村に1～2ヶ月住む住居が見つかったのは、ネイクラム村で調査されていたN先生の計らいであった。村にはトイレがひとつしかなく、そのトイレのある家――中年の夫婦と5人の息子の内の2人が暮らす家族――が私の新居となった。ちなみにN先生は、トイレを借家の隣に新たに作らせていたので、正確にはトイレが村にふたつあったことになる。

うろ覚えであるが、トイレの構造は単純なものであり、確か地面に四角い穴を深く掘り、そこに砂を入れ、しゃがみ型の便器を組み込んでセメントで固める。人間の排泄物など、乾燥してしまえば微量なものであるから、それで充分なのである。使用後、自分でプラスチックの手桶の水で流すので、それほど不潔なものではない。問題は、ロケーションと雰囲気である。

ネイクラム村で私が使ったトイレは、10頭近い水牛や雌牛、雄牛がつながれた家畜小屋の一番奥にある家主家族と共同のものであった。夜更けに通うには、牛を起こさないための注意、コブラやサソリにやられないための懐中電灯、そして何よりも勇気が要る。まあ、とにかく、若かったので、電灯だろうが勇気だろうが何でも用意した。

話はそれたが、つまり私の家主は、貴重なトイレがあるような村の有力な農家だったということである。

ネイクラム村に入ることになったのは、この年から、東京外国語大学アジア・アフリカ言語文化研究所の原忠彦教授が、南アジアの大河流域で生じている社会変化を比較研究するための現地調査を開始されており、私は同研究所の助手として採用された年であったために、飛び入り参加することになったのである。

バングラデシュをはじめとするムスリム社会を主な対象とする人類学者であった原隊長の調査のやり方は、まず基礎データとして家系図作りをすることであった。土地制度を中心とした経済史を志していた私にとっても、家系図はとても有益であると思われた。というのは、この地域の村々に関しては、19世紀の後半から、土地の一筆《いっぴつ》ごとの所有者名を記録した土地台帳がある。したがって、家系図と連関させれば、土地の相続や売買の状況を何世代にもわたって解明することができる。人類学が一時注目した親族構造への関心とは別の関心が歴史学と実地研究の結合を目指した私にはあった。加えて、家系図を作るという名目で全ての世帯を訪れることもできる。人

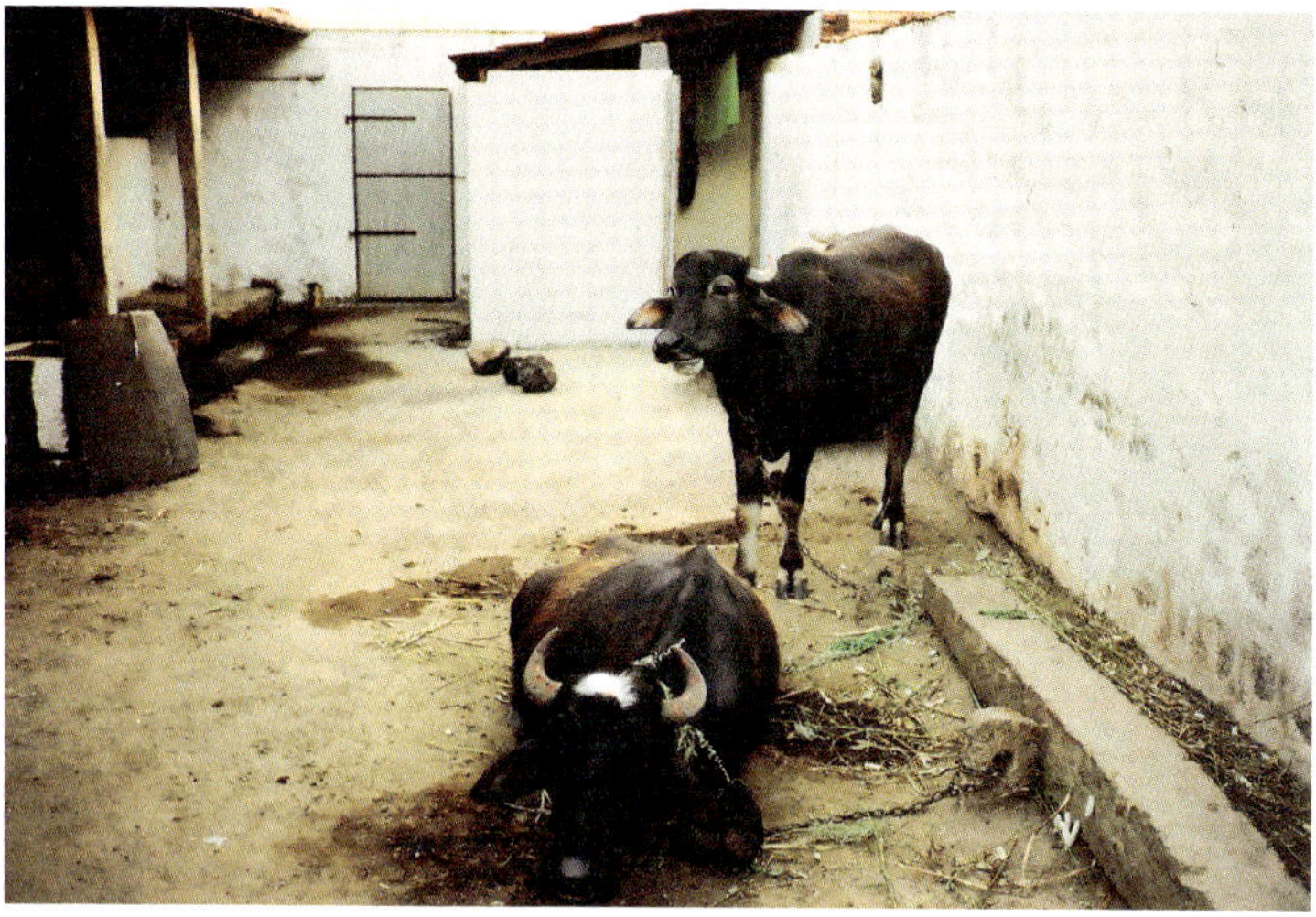

牛小屋の奥にトイレ　最初の住み込み調査をおこなった当時は、ネイクラム村にふたつしかトイレのある家がなかった。私の家主の家にはあったが、牛小屋の一番奥で、夜は怖くてなかなか行けなかった

1979年当時の家主と息子たち5人　家主は数年前に亡くなられた。村で農業を営む次男と、サンフランシスコ在住のITエンジニアの4男を除き、他はタミルナード州のいずれかの町で暮らしている

類学者は、例外なく頭がいい。

家系図作りインタヴューの手始めは、とにもかくにも身近な家主から。両親、祖父母、それぞれの兄弟姉妹など、縦と横の両方向に可能な限りさかのぼり、系図を拡幅していく。そして、その家系図に登場する全ての人物についての結婚や移動や職業などの基礎データをとりながら、エピソード、学歴、移民歴、人生史なども尋ね、書き加えていく。

この家系図作成作業は、村全体の世帯の6割を超えると色々な見通しがつくようになり、その後の分析作業を一気に楽にしてくれる。聞き取りの際に、私、あるいは相手がしばしば犯すミスや勘違いも、他のインタヴュー結果によってクロスチェックできるからである。

## 口をきかず

さて、家主との聞き取りの間に少し気になったことがある。村に住む50代の弟のことだ。弟の話になると、途端に話したがらなくなる。というより、完璧に口をつぐむのである。後に別の村人から聞いたところによれば、数年間口をきいていないという。いったい、何が起きたのだろう。口をきかないということに関しては、インドで別の、かなり印象深い思い出がある。70年代の半ば、20代の初めに、バンコク、カトマンドゥを経て、ビハール州の古都パトナ(かつてのパータリプトラ)に入ったときのことだ。日本の大学を戦前に卒業され、ガンディーと民族運動を共に闘っ

いざ調査へ　当時としては最新の50ccバイクに乗る28歳の私。抜群に涼しいルンギーをはき、右の立派なひげをたくわえたアシスタントのアンバラハン君を乗せて調査に向かう。3歳の息子が撮影

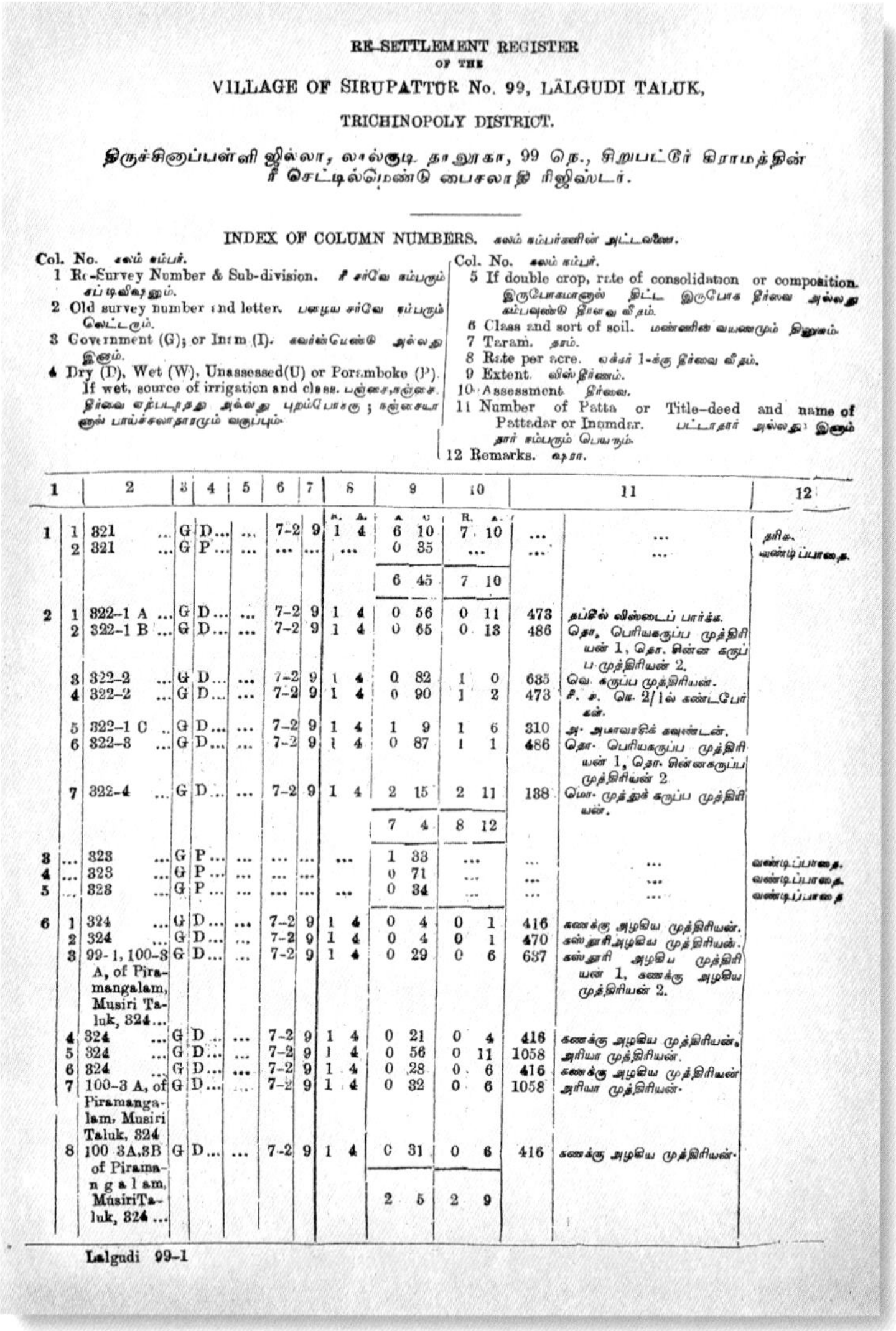

**RE-SETTLEMENT REGISTER**

OF THE

**VILLAGE OF SIRUPATTŪR No. 99, LĀLGUDI TALUK,**

**TRICHINOPOLY DISTRICT.**

திருச்சினப்பள்ளி ஜில்லா, லால்குடி தாலூகா, 99 நெ., சிறுபட்டூர் கிராமத்தின்
ரீ செட்டில்மெண்டு பைசலாதி ரிஜிஸ்டர்.

---

**INDEX OF COLUMN NUMBERS.** கலம் நம்பர்களின் அட்டவணை.

Col. No. கலம் நம்பர்.

1 Re-Survey Number & Sub-division. ரீ சர்வே நம்பரும் சப் டிவிஷனும்.

2 Old survey number and letter. பழைய சர்வே நம்பரும் லெட்டரும்.

3 Government (G); or Inam (I). கவர்ன்மெண்டு அல்லது இனம்.

4 Dry (D), Wet (W), Unassessed (U) or Porambokc (P). If wet, source of irrigation and class. புஞ்சை, நஞ்சை. தீர்வை ஏற்படாதது அல்லது புறம்போக்கு ; நஞ்சையானால் பாய்ச்சலாதாரமும் வகுப்பும்.

Col. No. கலம் நம்பர்.

5 If double crop, rate of consolidation or composition. இருபோகமானால் திட்ட இருபோக தீர்வை அல்லது கம்பவுண்டு தீர்வை வீதம்.

6 Class and sort of soil. மண்ணின் வயணமும் இனமும்.

7 Taram. தரம்.

8 Rate per acre. ஏக்கர் 1-க்கு தீர்வை வீதம்.

9 Extent. விஸ்தீர்ணம்.

10 Assessment. தீர்வை.

11 Number of Patta or Title-deed and name of Pattadar or Inamdar. பட்டாதார் அல்லது இனம்தார் நம்பரும் பெயரும்.

12 Remarks. ஷரா.

| 1 | | 2 | 3 | 4 | 5 | 6 | 7 | 8 | | 9 | | 10 | | 11 | | 12 |
|---|---|---|---|---|---|---|---|---|---|---|---|---|---|---|---|---|
| | | | | | | | | R. | A. | A. | C. | R. | A. | | | |
| 1 | 1 | 321 ... | G | D... | ... | 7-2 | 9 | 1 | 4 | 6 | 10 | 7 | 10 | ... | ... | தரிசு. |
| | 2 | 321 ... | G | P... | ... | ... | ... | ... | | 0 | 35 | ... | | ... | ... | வண்டிப்பாதை. |
| | | | | | | | | | | 6 | 45 | 7 | 10 | | | |
| 2 | 1 | 322-1 A ... | G | D... | ... | 7-2 | 9 | 1 | 4 | 0 | 56 | 0 | 11 | 473 | தப்சில் லிஸ்டைப் பார்க்க. | |
| | 2 | 322-1 B ... | G | D... | ... | 7-2 | 9 | 1 | 4 | 0 | 65 | 0 | 13 | 486 | தொ. பெரியகருப்ப முத்திரியன் 1, தொ. சின்ன கருப்ப முத்திரியன் 2. | |
| | 3 | 322-2 ... | G | D... | ... | 7-2 | 9 | 1 | 4 | 0 | 82 | 1 | 0 | 635 | வெ. கருப்ப முத்திரியன். | |
| | 4 | 322-2 ... | G | D... | ... | 7-2 | 9 | 1 | 4 | 0 | 90 | 1 | 2 | 473 | சீ. ச. நெ. 2/1ல் கண்டபேர்கள். | |
| | 5 | 322-1 C .. | G | D... | ... | 7-2 | 9 | 1 | 4 | 1 | 9 | 1 | 6 | 310 | அ. அமாவாசிக் கவுண்டன். | |
| | 6 | 322-3 ... | G | D... | ... | 7-2 | 9 | 1 | 4 | 0 | 87 | 1 | 1 | 486 | தொ. பெரியகருப்ப முத்திரியன் 1, தொ. சின்னகருப்ப முத்திரியன் 2 | |
| | 7 | 322-4 ... | G | D... | ... | 7-2 | 9 | 1 | 4 | 2 | 15 | 2 | 11 | 188 | மொ. முத்துக் கருப்ப முத்திரியன். | |
| | | | | | | | | | | 7 | 4 | 8 | 12 | | | |
| 3 | ... | 323 ... | G | P... | ... | ... | ... | ... | | 1 | 33 | ... | | ... | ... | வண்டிப்பாதை. |
| 4 | ... | 323 ... | G | P... | ... | ... | ... | | | 0 | 71 | ... | | ... | ... | வண்டிப்பாதை. |
| 5 | ... | 323 ... | G | P... | ... | ... | ... | ... | | 0 | 34 | ... | | ... | ... | வண்டிப்பாதை |
| 6 | 1 | 324 ... | G | D... | ... | 7-2 | 9 | 1 | 4 | 0 | 4 | 0 | 1 | 416 | கணக்கு அழகிய முத்திரியன். | |
| | 2 | 324 ... | G | D... | ... | 7-2 | 9 | 1 | 4 | 0 | 4 | 0 | 1 | 470 | கஸ்தூரி அழகிய முத்திரியன். | |
| | 3 | 99-1, 100-3 A, of Piramangalam, Musiri Taluk, 324 ... | G | D... | ... | 7-2 | 9 | 1 | 4 | 0 | 29 | 0 | 6 | 637 | கஸ்தூரி அழகிய முத்திரியன் 1, கணக்கு அழகிய முத்திரியன் 2. | |
| | 4 | 324 ... | G | D... | ... | 7-2 | 9 | 1 | 4 | 0 | 21 | 0 | 4 | 416 | கணக்கு அழகிய முத்திரியன். | |
| | 5 | 324 ... | G | D... | ... | 7-2 | 9 | 1 | 4 | 0 | 56 | 0 | 11 | 1058 | அரியா முத்திரியன். | |
| | 6 | 324 ... | G | D... | ... | 7-2 | 9 | 1 | 4 | 0 | 28 | 0 | 6 | 416 | கணக்கு அழகிய முத்திரியன் | |
| | 7 | 100-3 A, of Piramangalam, Musiri Taluk, 324 | G | D... | ... | 7-2 | 9 | 1 | 4 | 0 | 32 | 0 | 6 | 1058 | அரியா முத்திரியன். | |
| | 8 | 100 3A, 3B of Piramangalam, Musiri Taluk, 324 ... | G | D... | ... | 7-2 | 9 | 1 | 4 | 0 | 31 | 0 | 6 | 416 | கணக்கு அழகிய முத்திரியன். | |
| | | | | | | | | | | 2 | 5 | 2 | 9 | | | |

Lalgudi 99-1

土地台帳　一筆（いっぴつ）ごとの土地について、土地番号、灌漑状況、土地の等級、税額、面積、地券番号、土地所有者名などが記載されている。村人たちの土地所有の変化を知ることができる

たというマハさんの家を、当時三鷹のアジア・アフリカ語学院でヒンディー語の教鞭《きょうべん》を執られていた長弘毅《ながこうき》先生に紹介されていた。当時、私はそこでヒンディー語の1年間コースに入り勉強していた。

パトナの町中のホテルに何とかたどり着き、早速マハさんのお宅に電話した。が、どうも様子がおかしい。本人がどうしても電話口にお出にならない。にもかかわらず、家人らしき人が家にいらっしゃいという。腑に落ちない、でもまあ他に全く伝《つて》もない町である。とにかく出かけてみることにした。

リキシャで到着すると、娘さんが、続いてマハさん本人が出迎えてくださった。大変に愛想がよく、歓迎の体《てい》である。ところが、マハさんご自身は相変わらずお喋りにならない。よくわからないが、よくわかった。その日は喋らない日だということの由。月ごとだったか週ごとだったか記憶が薄いのだが、とにかく1日喋らない日を自分に課されており、私が訪問した日がちょうどその日にぶつかったということなのである。したがって用件は全て筆談。確かにまだるっこい。

しかし、ウェッブでのチャットやE–メールでのやりとりと同じようなものと言えば同じようなもの。ちなみに、日本では、体に重りをつけて動き回ることによって運動機能の低下を疑似体験する試みがあるという。確か、吉祥寺駅の近くだったか、盲導犬の訓練士が、目隠ししながら歩いているのを目にしたこともある。マハさんの場合は、何か宗教上の理由からだったような気がするが、定かではない。いずれにしても、私たちも、月に一度くらいは、身体機能のどれか一部を消して暮らしてみる意義がある。

## 結婚

パトナでのもうひとつの記憶は、これははるかにプライベートなことであるから文字にしてよいかどうか迷うのであるが、日本でも家庭内別居とか家庭内Eメール連絡などが稀ではなくなってきており、マハご夫妻も既に他界されているのであえて書いておこう、マハさんと奥様とは、極めて長い期間、口をきいていらっしゃらなかった。もちろん、長く同じ屋敷内にお暮らしだし、互いに用事があることもある。その場合は紙切れに用事が記され、それが娘さんの手を通じて相手に渡されることになっていた。

インドのヒンドゥーの間では、基本的に離婚は許されない。相手は、もっぱら親や仲介者が選択する。インドの新聞の日曜版を見るがいい。そこには、山のような求婚広告が掲載されている。今もあるのかどうか知らないのだが、少なくとも私の学生の頃には「彼女望む、彼望む」だったろうか、男女間の相手探しの広告が恥ずかしそうに週刊誌に載っており、私も、恥ずかしそうに自分はその条件に合うのだろうかと思いながら見たような記憶があるような気がする。インドの新聞広告の場合は、お付き合いの相手探しではなく、あくまで結婚相手を、しかも親が求めて広

新聞の求婚広告　結婚相手はまだまだ親が決めるのが普通。出身村を離れ、都会や海外に暮らす者にとっても、求婚広告は相手を探す重要な手段。広告にはカーストや星座などの条件が示されている

告するのである。条件としては、年齢、体型、性格、職業、収入、血液型などが記されているが、それらのいわば何とか考慮の余地のある条件に加えて、カーストや星座などのように、厳密な条件が記されている。

カーストに関しては、それが特定の集団の内部だけで結婚相手を見つける内婚集団であるということは日本でもよく知られているが、星座がそれほど厳密なものであるということをご存じない方は少なくないだろう。以前、デリーで私と同行していた独身男子学生にコンピュータによる結婚占いをしてもらうように勧め、実際にみてもらったが、彼は生年月日のはっきりした時間までは知らなかった。そのため、占い師（占いコンピュータ？）は、星座のはっきりした位置を特定できないという理由で明確な判断を得られないという回答となった。もし、インドの求婚広告に興味がおありの方は、日本語による研究が幾つか出ているので、ぜひご覧になるとよい。

このような求婚広告で目立つようになっているのは、海外に在住するインド人からのものである。海外在住のインド人は、一般にＮＲＩ（エヌ・アール・アイ、Non-Resident Indiansの略）と呼ばれる。かつてのインド人移民のイメージは、クーリー、つまり単純肉体労働者であった。というのは、18世紀終わりから19世紀にかけて、イギリスやフランスなど幾つかの国で黒人奴隷が禁止されたことから、それに代わって中国やインドから、中米を皮切りに、サトウキビ、紅茶、そしてゴムというようなプランテーションや、鉄道や道路建設などの単純肉体労働者として世界各地へと移動したからである。もちろん、それ以前からインド洋を股にかけて活躍し、アヘン戦争後の香港、明治維新後の横浜や神戸などにまでネットワークをのばし、現在はパキスタンの一州となっているシンド州出身のシンディーを中心とするインド人商人や、イギリスの植民地支配の拡大と共に、医者や弁護士や官吏、あるいは教師など、現地社会と植民地権力を結ぶ役割を果たす中間層も存在したが、それらはクーリーと比べればはるかに少数に過ぎない。

このような、クーリーを祖先とするNRIの場合、人数的に多いし、また互いによく見知った村々からの出身が少なくないために、移民先で同じカーストに属する結婚相手を探し出すことはそれほど難しいことではない。また、そもそもかなり下層カーストの出身者が多いことから、異カーストとの結婚の禁止規制など意味がないことも多い。結婚相手探しに苦労したのは、主に後者の少数派の中間層であった。

## 求婚広告

ところが、1970年代の終わり頃から、この移民の状況が大きく変化することになる。まず、クーリー移民であるが、インドからのクーリーとしての新たな移民は、基本的に第2次世界大戦前で終了したと考えてよい。大戦後の大英帝国の解体過程で、旧植民地が続々と独立して国民統合に奔走し、移民たちの多くは本国へ戻るか、あるいは新たな国家の下で国民として生きるかと

結婚式　式は町の式場で伝統にのっとって執りおこなわれる。花嫁側は、いわゆるダウリー（結婚時の持参金）として台所用品やサリー、金の装飾品などを準備するので、多額の出費となる

コンピュータ占星術　人は生まれによってその後の人生が定まってくるという考え方を徹底したものが、生まれたときの星座の位置からその後の人生を判断する占星術である。同行した日本人H君（左）は、コンピュータ占星術により、ふさわしいパートナーを探したのだろうか

結婚式の料理の準備をするインド人移民　マレーシア半島部、キャメロン高原の最奥部にあるプランテーションの茶園では、インド人労働者が働いている。インド人同士で結婚するが、最初の移民から数世代たっており、異カースト間の恋愛結婚が少なくない

いう選択をしたからである。その後、湾岸への移民のように、下級労働者として移動した場合も一部にあったが、あくまで例外的である。それに対して、1980年代から顕著になってくる移民は、近年脚光を浴びることになったIT産業従事者をはじめとする高学歴者を中心とする、かなり富裕な階層に属する人々である。インドの大学を出て欧米へと移動した彼らは、さらに現地で大学院などの専門的な教育を受け、エリートの仲間入りをしていったのであるが、彼らの子どもたちもまた、親の期待を担ってさらに高い地位へと上ろうと努力したのである。

こうして欧米でそれなりの地位を築くことに成功したかなり上層に属するインド人——ちなみに、アメリカのエスニック集団の中で、最も平均収入が高いのはインド人である——にとって、結婚問題は極めて深刻なものであった。2007年にサンフランシスコ近郊のシリコンヴァレーでインド人のIT産業従事者の家をお訪ねし、聞き取り調査をおこなったことがある。彼によれば、IT産業のインド人技術者の8割は、南インド出身のバラモンであるという(彼自身はバラモンではない)。カーストの中で最上位にある彼らは、食事(肉や魚はだめ)、飲み物(酒はだめ)への厳格な規制を厳守しているだけではなく、婚姻に関してもカースト内婚制とカースト内のゴートラ外婚制(祖先を同じくするゴートラという集団内では結婚しない)を遵守《じゅんしゅ》している。特に危険な問題(?)は、そうした事情に疎《うと》い外国で生まれ育った第2世代、第3世代同士が知り合い、互いに同じバラモンであるからと安心して恋愛関係に入ってしまうことだ。自分のゴートラについてよく認識していないために、うっかり結婚してしまった場合には、認識の上では近親婚とみなされてしまうからである。同じ問題は、バラモンでなくとも、高位カーストの間で共通のものである。

こうした問題を避ける最良の方法は、故郷の親類とか知人に、適当な相手を見つけてもらうことである。そのやり方は、確かにしばらくはうまくいった。しかし、バラモンの場合、故郷の親類そのものがあちこちに移動してしまっていることが多い。ではどうするか。というところで重宝されてきたのが、新聞での求婚広告であった。

同様な事情は、海外に移動して暮らすことになったNRIだけのものではなく、郷里の農村を離れて都市に移動し、さらに都市間を移動するようになった他の多くのカーストの人々にもあてはまる。別のとらえ方をするならば、カースト制の最も象徴的な慣行だと言える内婚制を支える力を郷里の村々が失ってしまっており、逆に都市や海外へ出て行った人々の規範意識が、求婚広告というメディアを通じて内婚制を支えていると言えるかもしれない。表面的には同じように見えたとしても、カースト制の内実は大きく変化しているのである。

ともあれ、かくして、バラモンか非バラモンかを問わず、求婚広告が紙面を埋めることになった。ただし、近年のはやりは、新聞ではなくインターネットを介した結婚仲介業。確かに、条件検索というパソコンソフトの十八番《おはこ》を用いれば、条件に合う候補者は一発で何人でも出てくる。この事業に乗りだし、一躍実業家となった人物がマスコミで取り上げられている。

インド人コミュニティー・センター　サンフランシスコ近郊シリコンヴァレーにあるセンターには、宗派にかかわらず礼拝ができるように様々な御神体が並んでいる。インドから高名な宗教家も訪れる

ロンドン郊外のシク教寺院　ヒンドゥー教とイスラーム教の批判的統合を目指したナーナクを開祖とするシク教徒は、イギリス植民地下で多くが軍に編入させられたこともあり、海外に暮らす者が多い

子どもの教育問題は最重要課題　東京の下町に集住するニューカマーの若いインド人IT技術者にとって念願だった、幼稚園から高校まで約450人が一緒に学べる新校舎が2010年4月、江東区大島の区立中学跡に開校した。インド教育省の認定で本国に単位を持ち帰ることができるという

## 世代間対立

ＮＲＩについて話がいったついでに、今少し、結婚にまつわる話を続けよう。

海外で生まれ育った子どもをもつインド人エリートたちにとって、問題なのは単に結婚相手の選択だけではない。先のカリフォルニアでのインタヴュー相手によれば、今アメリカに在住するインド人たちを一番悩ませているのは、10代の子どもたちのデート問題であるという。ＮＲＩの大人たちは、各地にインド人が集まる集会所を確保し、インドの神々の礼拝所を設け、伝統的な踊りや音楽教室を主催し、懸命にインド人らしさ、インドの伝統的といわれる文化の保持のための活動を組織している。場合によっては、そうした活動は、いわゆるヒンドゥー復古主義運動の温床ともなってきた。１９８０年代後半から現在に至るインドの政局を大きく揺るがしたＢＪＰ（ビージェーピー、インド人民党）と深く関わる反イスラーム、反キリスト教、反世俗主義の運動である。そして、この「インド人らしさ」には、子どもの結婚は親が決めるものであり、結婚までの男女交際などありえないという考え方が含まれている。

しかし、このような「インド人らしさ」を子どもに植え付け、育てようとする彼ら大人の懸命の努力にもかかわらず、若い世代、特にアメリカで生まれ育つ若い世代には、別の男女のつきあい方、別の世界観が確実に育ってきている。インド人とはいえ、彼らはアメリカという社会空間の中でマイノリティーとして生きるのであるから、アメリカの社会の価値観から身を遠ざけて生きるわけにはいかない。デートもするだろうし、むしろ大人になる前の男女が、異性の生き方、考え方に触れようとすることは当然の欲求であろう。まして、親が結婚相手を取り仕切るのが当たり前などと言われれば、反発が生じてもしかたがない。世代間対立が深刻化しているのである。

## そして離婚

では、こうした様々な曲折を経て、さて結婚したとしよう。しかし、残念ながら相手が気に食わない。結婚生活を続けたくない。さてどうするか。

インドのヒンドゥー教徒の間では、本人にとって、相手の顔が気にくわなかろうが性格が合わなかろうが、神の前での結婚式を終えてしまえば一生そのままである。イスラームのように、カーディ(法官)の前で3回「離婚する」と唱えれば成立するような簡単なわけにはいかない。唯一離婚が許されるとすれば、それは神の前での儀式に不備があった場合しかない。通常、火の周りを3回半回るべきであるのに3回しか回らなかった、などというような形式的で、その意味で厳正でまっとうな(?)理由であれば離婚が許されるのである。

それとは逆に、夫側だけであるが、重婚が許される場合もある。子どもが授からなかった場合である。夫側に原因があろうがなかろうが、子どもを生まない女はまっとうではなく、それどころか不吉な存在であるとされる。したがって夫は2人目、3人目の妻を娶《めと》って良いという考え方がまかり通っている。妻側が圧倒的に不利であるのが、ヒンドゥーかムスリムかに関わらず、インドの男女関係の基本である。

マハさん夫妻がどのような理由で口をきかない状況に至ったのかは知るよしもない。ただし、そこには、単に夫婦の愛憎以上の社会的な規範が強く機能していたことは確かであろう。

本題に戻ろう。家主と弟との間の沈黙と没交渉が、どのような原因で始まったのかについてその後明らかになったからである。それは、この村の生活と切っても切れない水の問題が原因であった。

# 水の意味

## 入浴

村に暮らそうとする場合に、最も重要な問題はトイレと水である。トイレについては既に述べたのでここでは触れない。いざとなれば、屋外で用を足せば済むトイレの問題と比較すれば、水の問題は深刻である。何せ、湯水のように金を使うと言えば使い放題という意味がある日本とは異なり、インドで湯水のようにとなれば、それは節約しか意味しない。一九七〇年に『日本人とユダヤ人』で、「日本人は安全と自由と水はタダだと思っている」と指摘して日本人の「常識」の危うさを明るみに出した、イザヤ・ベンダサンこと山本七平の世界である。

村での暮らしに私が1日に用いた水の量は、中ぐらいのバケツ3杯であった。料理をするわけではないので、基本的に衣服などの小物の洗濯と手洗い、特に水浴びのためである。その水は、当時、おそらく10歳前後だったと思われる少年が、わずかの金で毎日運んできてくれる。金属の大型の水瓶を頭に載せて運ぶのである。その水を用いて、私は台所になっている部屋で水浴びした。

1980年代初めの水汲み　居住区にある井戸からの水汲みは、女性の朝の重要な仕事のひとつ。現在では、水タンクが設置されているので井戸からの水汲みはない。水道管が引かれている家もある

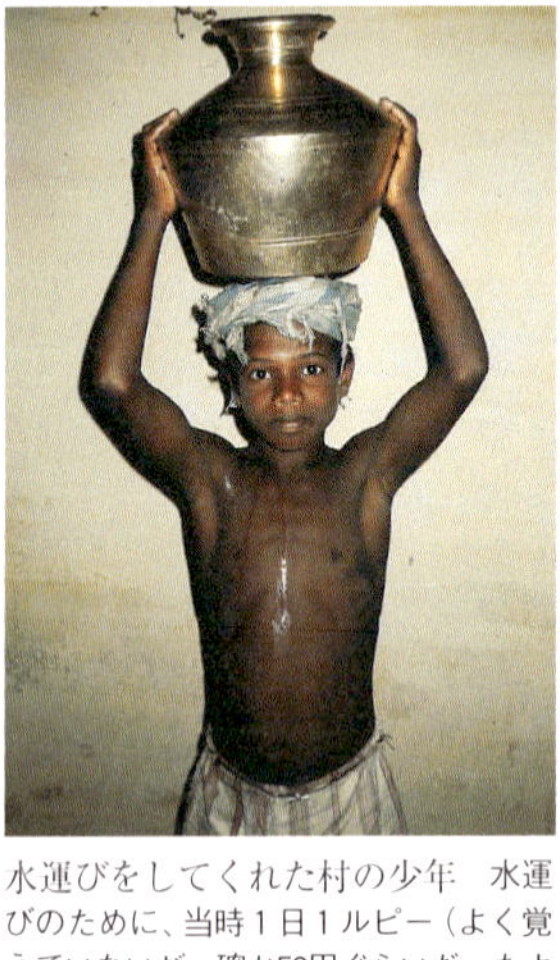

水運びをしてくれた村の少年　水運びのために、当時１日１ルピー（よく覚えていないが、確か50円ぐらいだったような気がする）で雇った少年。１日平均して、バケツ３杯で水浴びと洗濯をした

水浴び　貴重な水を使いながら、バケツでゆっくりと水浴びする私の息子。寒い日の水浴びは、ケロシン（灯油）のストーブで湯を沸かしてから

村人たちは、水浴びは外にある井戸の近くか自分の家の中庭ですることが普通であり、素っ裸になることはない。女性であれば水浴び用の布を胸の上で留めて水浴びするし、男性であればルンギーと呼ばれる筒状に縫い合わせた腰巻きを付けて浴びる。

ある時、調査村から数十キロ離れた村で滞在することになり、夜になって水浴びすることになった。母親と妙齢の娘さんが、薪でお湯を沸かしてくださる。そして、結構広い中庭のど真ん中にバケツをおいてお湯を注いで下さり、さあどうぞ。あとは、じっくりと腕組みをして私の入浴シーンを間近で見守る体勢に入る。私はといえば、旅先のこと、ルンギーなどは持参していない。どぎまぎどぎまぎ。さていったいどうするか。

こうした場合は、あきらめて、パンツひとつになる。パンツの中もちゃんと洗いたいという欲望をぐっとこらえる。何せ、腕組み、見守り体勢の下にあるのだから。そして、何となくグジュグジュした感じではあるが、素知らぬふりをしてその上からズボンをはくのである。

いずれにしても、以前の村には、水道というものはなかった。では何から水を得たかというと井戸である。この井戸がまた、大問題なのである。

## 井戸

村には、あちこちに井戸がある。井戸とは言っても、日本人がイメージするような、あるいは私の生家にあったような、手押しポンプで汲み上げる直径1メートル程度の小さな丸いものではない。数メートルの土壌の下にある岩盤を掘り下げて作られるものであり、教室ぐらいの大きさのある深さ10メートルかそれ以上に達する見るからに迫力のあるものである。

ネイクラム村に近く、1980年代前半に8ヶ月にわたって調査を実施したマングディ村のデータが詳しいので、マングディ村について見てみると、この村の1890年代の地図には、村の居住地域内外の飲み水用と思われる幾つかの井戸のみが記載されている。80年代の井戸数は200を超えたが、その大半は過去100年間に掘られたものということになる。そのことは、村の土地台帳を調べると確認することができる。

これらの井戸は、いったい誰が掘ったのか。もちろん、掘ったのは井戸採掘を専門とする石工カーストであるが、そうではなく、誰が井戸の所有者であるかという問題である。

土地台帳には井戸の所在地と井戸の所在する土地の所有者名が記載されているので、家系図と土地台帳を組み合わせると、井戸の所有者の年次的な動きが解明できる。井戸建設は、硬い岩盤を掘り、岩を地上まで運ばなければならないので随分とお金がかかる。土地台帳では、ひとつの井戸の所有者が1人の場合もあるにはあるが、多くの場合、最初から複数の所有者名が記載されており、お金を出し合って井戸を一緒に掘った様子が想像される。

世代が降りて現在に近くなってくると、この複数所有の程度はいっそう深まる。というのは、南インドでは長子相続がない。男子の間での均分相続が原則である。しかも、この均分相続の実態がすごい。全て徹底的に均分されるのである。つまり、土地が数ヶ所にある場合はそれぞれが人数分で均分され、井戸も同様に一緒に分割されることになる。交換分合された現在の日本の多くの農地所有状況とは異なり、南インドの場合は、村の各地に分散する土地について、それぞれ土の質や地味や灌漑可能性などの状況が大きく異なり、加えて井戸の状況も異なるのだから、公平に相続しようとすればそうするしかない。

いずれにしても、仮に男子5人が2世代にわたって相続したとすると、土地も井戸も5分の1かける5分の1、つまり25分の1のみを所有することになってしまう。このことが実は大きな問題をもたらす。70年代に入ってからの村での農業生産のありかたの劇的な変化が、水の使用度と井戸への依存を大きく高め、需給関係が一気に逼迫《ひっぱく》したからである。

## 一滴の水も

アラビア海に面する西のケーララ地域を除き、南インドの大半は年間降雨量が７００〜８００ミリ前後に過ぎず、天水だけでは米作はできない。そのため、天水に依存したヒエやアワ、モロコシなどの雑穀の生産と牛・山羊・羊などの家畜を組み合わせた乾燥地に適応した農業が広くおこなわれる一方で、西ガーツ山脈、東ガーツ山脈に降る雨を運ぶ河川を有効に利用して米作をお

井戸建設　ダイナマイトと井戸掘り人夫を使って岩盤を教室ぐらいの大きさで深さ10メートルかそれ以上に掘削（くっさく）する大変な作業。うまく水脈にぶつかると良いが

共同井戸からの水汲み　水は井戸の下部の岩の割れ目から少しずつ染み出してくる。寝坊して水を汲む順番が遅くなると水面がどんどん深くなっていくので、力仕事になる。早起きはかなりの得である

こなう灌漑農業も古くから存在してきた。

南インドの灌漑の基礎をつくった有名な例は、紀元前後に建造されたというカーヴェーリ河を堰き止めるグランド・アニカットと呼ばれる巨大なダム（15ページの地図参照）である。このダムが名実共に扇の要の位置にあり、そこから東のいくつかの方向に延びていく水路によってタンジャーヴール地域に水路が張りめぐらされ、古代から穀倉地帯が形成されてきたのである。その豊かさの故に、タンジャーヴール地域は9世紀から13世紀に至るまで長期にわたる統治をおこなったチョーラ朝の支配の基盤となり、同王朝は、南のスリランカはもちろん、マレー半島にまで軍事遠征をおこなう力を有したのだった。

同じ調査に参加され、当時アジア経済研究所に勤務されていたユニークな経済学者である中村尚司《ひさし》氏の言によれば、南インドの灌漑システムは一滴の水も無駄に海に流さないシステムであるという。日本の河川は、源流はか細く、下流に向かうにつれて途中様々な支流の水を集めて川幅を広めていき、最後は最大の川幅となって海に流れ込むのが当たり前である。私の故郷の富山に流れる幾つかの河川も、そのようになっている。それに対して、グランド・アニカットによって分岐されたカーヴェーリの流れは、枝分かれに枝分かれを重ね、使いに使われ、最後は地中に染み込むかのようにか細く消えていく。河川のイメージがまるで違うのだ。

グランド・アニカット　この巨大なダムは、遠くカルナータカ州から流れてくる水を蓄え、多方向に分流する。扇状に分配されていく水が、タンジャーヴール・デルタを南インド最大の穀倉地帯にしている

最近の村の井戸　幾つかの井戸にはモーターとタンクが設置され、ひねれば水が出るようになった。ただ、今でも多くは手押しポンプである

## 米作への執念

では、なぜ南インドの農民がそこまで灌漑米作にこだわるのか。それは、米の単位面積あたりの収量が、乾燥農業の主体である雑穀の収量の数倍になるからである。簡単に言えば、種ひとつからの実の量が、米が圧倒的に多いのである。

数年に一度確実にインドを襲うモンスーンの不調は、広い地域にわたって農業生産に大きな打撃を与える。そのため、何とか耕地の一部に灌漑施設を整備して米作をおこない、それに乾燥に強い雑穀と牛や山羊・羊などの家畜を組み合わせることによって危険分散することが農家の重要な生存戦略となる。雨が多いときに生産が増えるものと雨が降らないときに生産が増えるものを組み合わせるという知恵であり、社会保障制度が極めて限定されている社会にとって、豊作のうれしさよりも、凶作の苦しさとそれを避けるための工夫が圧倒的に重要なのである。となれば、米のように雑穀の数倍の収量があり、それが安定した灌漑源によって支えられていれば言うことはない。そうした発想と知恵が集まって、南インドの農業生産は、いかに灌漑地を増やし米作を広げるかを何世紀、何十世紀にもわたって目指してきたのだ。

井戸が19世紀以降に普及するようになる前、大河川の流域にある水路灌漑を除けば、南インドに広く見られたのは溜め池灌漑である。雨期に飛行機の上から眺めると、野球場かそれ以上の大

グリーン・マニュア（緑肥）　乾地農村であっても、一部では貯水池や井戸の水を利用して米作がおこなわれる。肥料は、現在では化学肥料が用いられているが、1980年代初めは、この写真にあるように、田の近くに植えられた木の枝を切って田の中に埋めておく方法が採られていた。葉は水田の中で肥料に、残った枝は薪に用いるという極めて賢い方法である

移動式施肥　山羊や羊を移動式の囲いの中に１～２日放しておき、その糞を肥料にする。囲いを少しずつ移動すれば、一帯の施肥（せひ）が終わる。農地の所有者はこれで潤い、羊飼いはお金を受け取る

役牛での代掻き　水田ごとの高低差や、水や労働力を一時に利用できないことから、植え付け時期が異なる。写真は1998年だが、その後、田植え前の代掻（しろかき）のトラクターへの代替（だいたい）が進んだ

きさの溜め池が無数とも言えるぐらい目に映る。地形の微妙な高低差のうねり――波浪《はろう》状地形と呼ぶらしい――を利用し、低地部分に堤防を築き、扇状に水を溜めているのだ。ひとつの村に最低ひとつかふたつはある。

ところが、乾期になって同様に空から眺めると、目に見える溜め池の数は一気に減る。溜め池の多くは広いが浅く、すぐに水が消えてしまうのだ。大半が、せいぜい2～3ヶ月の間しか水を貯えることができない。その後は次の雨期まで乾ききったままとなる。したがって、広大なイメージとは逆に、貯水池の水によって灌漑できるのは貯水池の堤防の下のわずかな広がりだけとなる。しかも、溜め池の貯水量は年ごとに大きく変動するため、図体の割にはあてにならない。2008年の初頭など、雨期の直後というのに、ネイクラム村もマングディ村も、溜め池のほんの一部にしか水が残っていない。2007年はもっとひどかったという。

灌漑用の井戸が掘り始められたのは、まずこうした貯水池の下であった。おそらく、あてにならない貯水池を補う意味があったのだろう。そして、それが、少しずつ他の土地にも広がっていき、あちこちの井戸の周りにスポット状に米を中心とした灌漑農業がおこなわれるようになった。この場合の井戸は、先に述べたように教室ぐらいの大きさであり、基本的に貯水池の小型版のようなものだ。所有と形状の特徴から言うならば、私家版小型貯水池とでも呼べばよいか。

貯水池　広大に見える貯水池も、水深はせいぜい１〜２メートルに過ぎず、いったん放水されるとみるみる水は消えていく。近年では、管理が全くなされていないことが多い

## 緑の革命

灌漑農業への渇望の中で、井戸は徐々に増えてきた。しかし、1960年代半ばに、超弩級《どきゅう》の衝撃が加わることになる。いわゆる緑の革命である。緑の革命というのは、従来の数倍の収量のある高収量品種に化学肥料、農薬が組み合わさって、従来のアジア農業を一変させていった動きの総称である。世界的な規模で小麦から始まり、続いて米や他の品種にも広がっていった緑の革命は、インドでは北西部のパンジャーブ地方から始まり、南インドには1960年代の終わりぐらいから浸透し始めた。はじめの頃は、稲など、実が付きすぎてばたばた倒れ、あるいは病虫害や病気で芳しくなかったが、その後改良が進み、アジアの農村に広がっていった。特に顕著に動いたのは、村々に電気が入ることになった70年代からである。

ところが、緑の革命が普及するには、幾つかの前提条件が必要であった。特に重要なのは、適時適水とでも言おうか、作物が必要とするときに水をやることである。これは、簡単なようで簡単ではない。そもそも前提となるのは灌漑用の水が充分にあることであるが、仮にあったとしても、それが地面より低いところ、つまり井戸の中にある場合には、何らかの手段で揚水しなければならないからである。そして、この揚水が極めて難問なのである。

井戸からの揚水方法として従来からあったのは、シーソー状の木の上を1人から数人の人間が行ったり来たりを繰り返すことで汲み上げるヤットラムという装置である。平均台の上を移動するようなものであるから、絶妙のバランス感覚が必要となる。もちろん、集中力を欠けば井戸に落ちてしまうが、オリンピックと異なり、数分で済むどころか、何時間も何時間も続く作業である。井戸は地下数メートル部分までは土であるが、それより下は岩盤を掘り下げたものである。井戸の途中まで階段がついている場合もあるが、ついていないことの方が圧倒的に多い。落ちてしまう。

水が地表部分までいっぱいに溜まっているときに落ちた場合はまだ助かる見込みがあるが、水の少ないときに落ちれば這い上がることは絶望的となる。ちなみに、私の滞在中に、コブラが井戸に落ちて死んでいた。しかも、井戸の縁には囲いなどなく、猛烈な暑さを避けて夜中に月明かりで農作業することが珍しくないのであるから、新月の頃は特に危ない。ちなみに、1930年代の村の死因で多いのは、井戸での溺死《できし》、そしてコブラに咬まれての死である。井戸への落下が全てヤットラムのせいとは言わないが、誰が考えてもそれほど能率の良い方法には思えない。ちなみに、80年代初めの私の調査時には、ひとつの井戸だけであるが、ヤットラムが架かっていた。

## 電気ポンプ

ヤットラムに続いて登場した揚水方式は、滑車と畜力を利用したカバライと呼ばれる装置であ

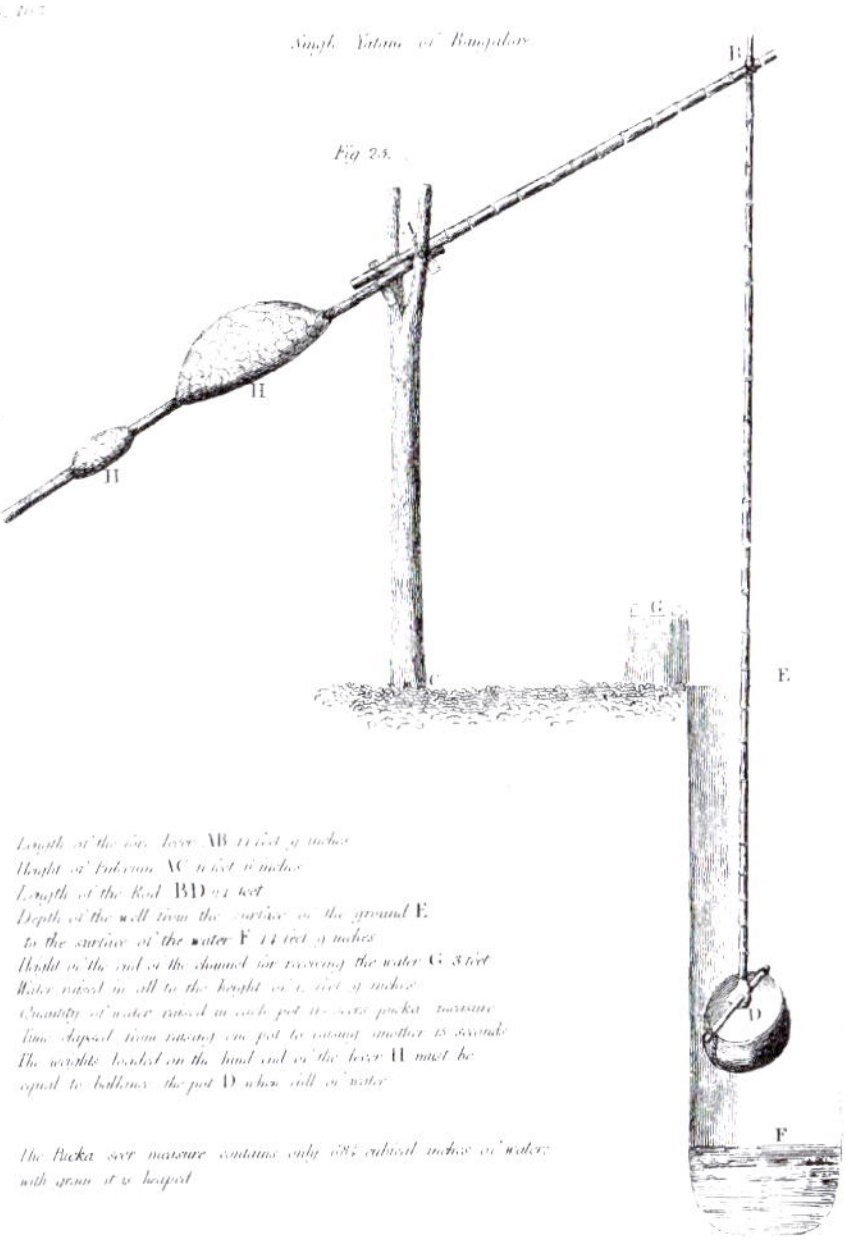


カバライ　2頭の役牛と労働者、井戸に設置された滑車、それらを結んだロープの先に結ばれた革袋（右ページ下）で揚水する装置がカバライ（下）。1980年代初頭には、まだ村の井戸の半数がカバライを用いて揚水されていたが、現在ではほぼ完全に電気ポンプに置き換えられてしまった。それは、カバライの揚水労働に従事するパンナイヤルと呼ばれる常雇いの農業労働者が確保できなくなったためでもある

ヤットラム　4次にわたるマイソール戦争にイギリスが勝利したことをうけて、1800年初頭に南インドの調査を依頼されたのは、医者兼博物学者のイギリス人ブキャナンである。ブキャナンは、旅の途中に目にした草木や岩石、人の暮らし、産業はもちろん、政治状況や社会制度など、ありとあらゆる側面に関して詳細な記録を残した。このヤットラムと呼ばれる揚水装置の図は、その旅行記に収録された挿図のひとつ

る。2頭立ての役牛と1人の労働者が深さ10メートル前後の井戸に直交したゆるい坂を行ったり来たりする。この坂は、井戸の縁から外の方向に傾斜があるように設けられている。2頭の役牛にはロープが結ばれており、そのロープは井戸の上にせり出した滑車を経由し、井戸の中に垂れ下がった大きな革袋に結わえられている。革袋が水の中に入るとその中に水が入り込み、それを、下り坂を下りる役牛が引っ張り上げ、引き揚げられた水が坂の横にある水路に流し込まれるのである。

カバライでは、1日8時間の往復運動を繰り返し、せいぜい1エーカー(約4000平方メートル)が灌漑できるだけである。その際限がなさそうな単調な労働に就くのは、村の有力農民カーストの下働きをつとめる不可触民の者が多い。村で歌声が聞こえれば、それはこの単調な作業に就く労働者が退屈紛れに歌う声である。

このカバライは、25年前の調査時点で村の井戸の約半数に架かっていた。しかし、2008年初頭、村からはヤットラムもカバライも完全に消え去っていた。

こうした人力、畜力による揚水方法に代わって、急速に広がってきたのが電気ポンプである。電気ポンプは、前者に比べればはるかに効率が良い、はずである。確かに70年代初頭に村に電気が通じてから10年ほどの間に、井戸の半数に電気ポンプが設置されるようになった。もちろん、井戸を共有している場合には、それぞれが設置した。

しかし、そこにも問題があった。電気がめったに来ないのだ。いや、確かに来るのであるが、ごく限られた時間――たとえば夜中の3時から1時間だけとか――にしか来ないのだ。

インドの道路や電気などのインフラの悪さは定評がある。天から降ってくるものに関してはインドは並外れて秀でているが、地表のものに関してはおおいに不得手である。特に電気に関しては、定期的に不定期にというか、不定期に定期的というか、来たり来なかったりである。２００7年の時点で、比較的電気供給が安定しているはずの12月においてさえ、日に少なくとも３回、それぞれ1時間は停電となっている。25年前には、いつ電気が来るのか予想すらできなかった。したがって、電気が来たときには、いわば夜討ち朝駆けという感じで電気ポンプのスイッチを入れに家から井戸まで駆けつけなければならないのだ。

## 口をきかない

さて、そろそろ本題となる。その駆けつけた先に、井戸を共有する面々が息せき切って到着したとする。それぞれスイッチを押そうとして。そしてスイッチを入れたとする。あっという間に井戸の水は消える。まだ、それぞれの田の半分にも水は行きわたっていない。今、水をやらなければ枯れてしまう。枯れないまでも、適時適水が絶対条件の高収量品種。が、仕方がない。次に電気が来て水が溜まっている機会を待とう。そして翌日か翌々日、電気が来たときに、また井戸

電気ポンプによる揚水　インドの停電は定電、すなわち定まった時間に電気が来る。真夜中でも井戸に走って待機し、電気が来次第スイッチを入れ（上）、岩盤から滲みだした水を細い管で汲み上げる（左）

チューブ・ウェル　従来のオープン型の小型貯水池版の井戸に代わって、この20年で急速に普及したのがチューブ・ウェル（管〈くだ〉井戸）である。気をつけないと、どこに井戸があるのかわからない

へ走る。ところが、今度は一足先に弟が来て水を使っていて、井戸は既に底が見えている。そうしたことの結果は、口喧嘩、そして口をきかない関係の成立である。

そもそも、米を育てるには水が絶対的に足りない。空になった井戸を満たすのは、地下を滔々《とうとう》と流れているような水流ではない。岩盤の割れ目からちょろちょろちょろちょろ――このちょろちょろがずーっと続く感じで――滲みだしてくる水である。それが一晩かけてゆっくりと溜まるのである。

緑の革命がもたらした高収量品種は、適時適水だけではなく、生育期間を縮小した。それは、多作を可能にすることを意味し、その結果、より多くの水が要求されることになった。たとえば、稲だけではなく、緑の革命の中で重要な作物となったサトウキビはそれまで13ヶ月の生育期間を要したのであるが、ほぼ11ヶ月で生育可能となった。期間的にも収益的にも米と代替できるようになったわけである。村から10キロ前後の位置に大きな製糖工場が建設されたこともあって、サトウキビを生産する農家が増えた。切り取ったサトウキビは、即座に製糖工場へ運搬しなければ糖質が落ちてしまうため、従来の牛車の木製の車輪をゴムの自動車用タイヤに替え、サトウキビ運送業を専門にする村人も少なからず出てきた。とは言え、このサトウキビは、米以上に安定した水供給を要求する代物《しろもの》である。もう限界がないのだ。

このように、緑の革命は、村の貴重なリソースのひとつである水をぎりぎりの線まで提供する

サトウキビの収穫作業　サトウキビは従来、生育するのに13ヶ月を要したが、緑の革命のひとつとして生育期間の短い品種が導入されたために、米の代替作物として広く栽培されることになった。収穫作業は労働者グループとのコントラクトのことが多い。サトウキビは竹のような鋭利な切り口をもっており、切っ先が鋭く、しばしば作業中にけがをする

助手のアンバラハン君　著者と共に聞き取り調査をおこなう若き日のアンバラハン君（左）。彼は本当に優秀で熱心であり、調査経験を生かして、その後村長に、さらには税務調査官にまでなった

ことを要求する革命であった。

私の助手のアンバラハン君と、村の井戸全てを調査してみた。ちなみに、このアンバラハン君は、その後近隣の村で村長になった。それはともかく、同君と回ってみると、村の幾つかの井戸が枯れてしまって場所を移していることや、かなりの井戸が掘削を重ねていることがわかった。掘削とまではいかなくても、縦方向や横方向にさらに小さな穴を深く穿《うが》ち、より深度の深い部分から水をとろうとする試みも始まっていた。横方向の穴などは、他の井戸から水を盗むようなものである。

不思議なことに、それらに混じって、水を湛《たた》えているにもかかわらず利用されていない井戸が幾つも見つかった。アンバラハン君に尋ねると、水争いの故に、手をつけることができなくなってしまったという。滑稽といえば滑稽であるが、しかし悲喜劇であって喜劇ではない。

## 個別の世界が卓越する

考えてみると、この水争いに象徴される村の開発のありかたは、この200年間の村の歩みをそのまま表現したものでもある。かつては巨大な貯水池を抱え、その維持と管理を村全体でおこなっていた。しかし、開発の動きが強まる中で、そのような共同の資源を管理するよりは、井戸のような、あるいは品種や化学肥料や農薬のような、個々の農家単位の資源管理が圧倒的に重要になった。共同から個への流れと言ってよい。この流れは、現在に至るまでの地下水利用の中心となり、ますます深い深度まで水を求めに行くチューブ・ウェル（管井戸《くだ》）の激増にも共通するものである。

このように、共同の世界が消えて個別の世界が卓越するという事態は、単に水の利用に限られる現象ではない。生活の全ての部面から共同性が消え、個別な世界が村の空間を埋めるようになってきたからだ。

生活の全般を覆う共同――ただし、共同と平等とは同じではないことに注意――の世界は、植民地支配以前の南インド社会に広く見られた。次に、時間を遡《さかのぼ》り、18世紀からの南インド社会の変化を覗《のぞ》いてみたい。

# 分ける意味

## 専門職

イギリス東インド会社が南インドの植民地支配を本格的に開始するのは18世紀末からのことであり、それ以前の時期には、植民地港市《こうし》を除けばほとんど植民地統治の影響はなかった。一部の地域は会社の支配下に入っていたが、基本的には間接統治の形を取っており、会社が何らかの形で直接に南インド社会に介入するようになるのはせいぜい1780年代からである。

植民地支配以前の南インド社会の様子を知るには、当時作成された記録を分析することになる。分析を進めると、次のような状況がわかってくる。

18世紀の南インドの村々には、洗濯人や床屋、大工、鍛冶屋など、様々な仕事を専門にする人々が暮らしていた。この場合、専門という言葉にはふたつの意味が含まれている。ひとつはそれに従事する人がその仕事を専門にしていたという意味、もうひとつは他の者が自分の職種に参入することを排除し、独占していたという意味である。ここまで書けば、読者はこれがカースト制のことであろうと気付いてくれるであろう。ただし、これから述べるように、従来説明されて

洗濯　水たまりと洗濯ものをたたきつける岩があれば、そこは洗濯人の作業場となる。電気洗濯機の普及にはまだまだ時間がかかり、洗濯人への需要は続いている

鍛冶屋　鋤(すき)をはじめとする農具や各種鉄製品を作る鍛冶屋は、村には欠かせない職人である。そのサービスに対し、ほぼ全ての村で総生産物の一定割合の手当を受けていたことが18世紀の資料にある

きたようなカースト制のイメージと多少異なるので、ご注意いただきたい。

村々には、独占的に何らかの職種に就いている様々な人々が暮らしていたのであるが、ただし、この場合、他の者が自分の職種に新たに参入することを自分勝手に排除していたわけではない。地域社会全体がシステムとして専門職、職の独占による分業を維持していたのである。

では、どういうシステムかというと、村々の総生産物の一定の異なる割合の取り分をそれぞれ特定の職種とリンクし、その職についている者たちだけの間で受け継いでいくというシステムである。この場合、それぞれの職種にある者は、自分たちのグループの中で生まれた子どもたち同士で結婚させるといういわゆる内婚制や、特定の食べものを忌避《きひ》するとか、特定の神を祈念するとか、特定の宗教的指導者をもつなど、幾つかの約束事を守っていた。その結果、生まれと職種が結びついた。そして、その職種とそれに結びつけられた総生産物への一定割合の取り分がセットとなり、それぞれの職種は排他的であるが、全体としてまとまっているような仕組みが維持されたのである。

このようなシステムのうち、生まれと特定の職種との結びつきが特に強烈な印象を与えてきたので、一般にはこのようなシステムはカースト制（ジャーティー制）と呼ばれてきた。しかし、システムのもうひとつの側面である職種とリンクした総生産物への取り分という側面については、それが植民地支配以前の社会で極めて重要な役割を果たしてきたにもかかわらず、西インドのマハーラーシュトラ地域の歴史研究からこのシステムを見出して明示された東京都立大学（現・首都大学東京）名誉教授の小谷汪之《ひろゆき》氏の一連の研究まで注目されることがなかった。小谷氏はこれをワタン制と呼んでいるが、南インドの場合、同様なシステムをもつものがミーラースというペルシア語を含んだ呼び方をされていたことから、著者はこれをミーラース体制と呼んでいる。

いずれにしても、当時の人々は、何らかの職種に携わることによって人々にサービスを提供し、他の者からはまたそれぞれが果たす専門サービスを受けながら、それぞれが総生産物の一定割合を受け取って生きていた。それらは、全体として彼らの生きる空間を維持し、再生産していたのである。

## 生きる空間

さて、ここで「彼らの生きる空間」という言い方をしたが、この場合の空間は、個々の村落ではなかった。18世紀当時のひとつの村の平均規模はせいぜい30戸弱であり、それだけの戸数で人の生活が必要とする様々な仕事をカヴァーすることはとてもできなかった。数村から数十村からの在地社会という、より広い空間が単位となっていた。

近年日本で実施された平成の大合併が、今後の日本社会にどのような影響を与えるのかは注視すべきだが、ここで注意しておきたいのは、ともすれば小さな単位が集まって大きな行政単位に

村内風景　雨が一時期に一気に降るため、ごく稀ではあるが村が洪水に襲われることがある。そのためもあって、家屋の床は地面から一段高くつくってある。また、家の入り口の両側は、座ってお喋りしたり穀物の乾燥場所として使われる。奥の小さな建物は、祠（ほこら）

村の寺院　村にはシヴァやヴィシュヌだけではなく、女神、馬神など様々な神々を祀る20〜30の寺院や祠が散在する。形や大きさも違い、村人全体で祀るものや、特定のカーストのみが祀るものもある

なっていったと考えがちな点である。村々が集まって郷を形成し、郷が幾つか集まって郡になり……という具合である。しかし、そのような状況は、必ずしも全ての地域に当てはまるわけではない。

たとえば、日本から多数の移民が海外のある地域へ移住したとしよう。移民は着いた先でそれぞれ生産条件のよい土地を選ぼうとするため、ある程度の広がりをもって分布することになる。最初の世代は、出身地が同じではなくとも、長い航海を共にしたこともあって仲間意識が強い。移民先でどれだけ広い地域に分散したとしても、その空間全てがひとつの社会的まとまりをもつ。ところが、世代が下がるにつれ、人口が増えるにつれ、あるいは各地点地点の自律性が高まるにつれ、その広い地域は次第に村々へと分かれていくことになる。つまり、広い空間から、次第に村のような小さなまとまりが生まれてくるのである。

南インドの場合も同様な過程を考えることができる。村が成立するには、経済的であれ政治的であれ、人口の上であれ、自律性が高まることが必要である。それまでは、空間のまとまりの単位は数村から数十村からなる郷のような単位であったと考えることが自然である。数十の村々からなる社会空間の中で、様々な職種に就いている者がその空間で生産されている生産物の一定の割合を得る、いわば常に全体の社会空間を共有するシステム、換言すれば共同体的な社会空間が存在していたわけである。

## 村長の誕生

この共同性が個別性へと転換していく歴史的な流れの説明に戻る際に、今ひとつ重要な動きを見ておかないといけない。18世紀の南インド社会では、どうもこのような広い社会空間が解体して、少しずつ個々の村が自律し始めていた様子が見てとれるという点である。その端的な例として、村長が出現するようになっていたことを挙げることができる。村長がいるのは当たり前だと我々日本人は考えがちだが、南インドでは村長という者が長く歴史の中では見られなかった。代わりに存在していたのは村落領主たちであった。

村落領主たちは、広い領域にわたって、特定の少数のカーストだけで構成されていた。農民カーストのヴェッラーラとかあるいはバラモンなどである。彼らは、カースト集団全体として地域全体を支配しており、その地域的な支配を背景としてひとつかふたつの村落を単位とした支配をおこなっていた。彼らは、タミル語でカーニヤッチカーランと呼ばれていた。

ところが、村長はこれらの村落領主とは異なる存在であった。何せ、ひとつの村の記録の中に、別々に記録されているのだから間違いない。また、村落領主は、しばしば複数でひとつの村を持ち分株に分けて支配していた。言うならば村落領主集団が地域全体を互いに分担しながら支配しているのであり、彼らはあくまでミーラース体制の一翼であった。他方、村長はそうではなかっ

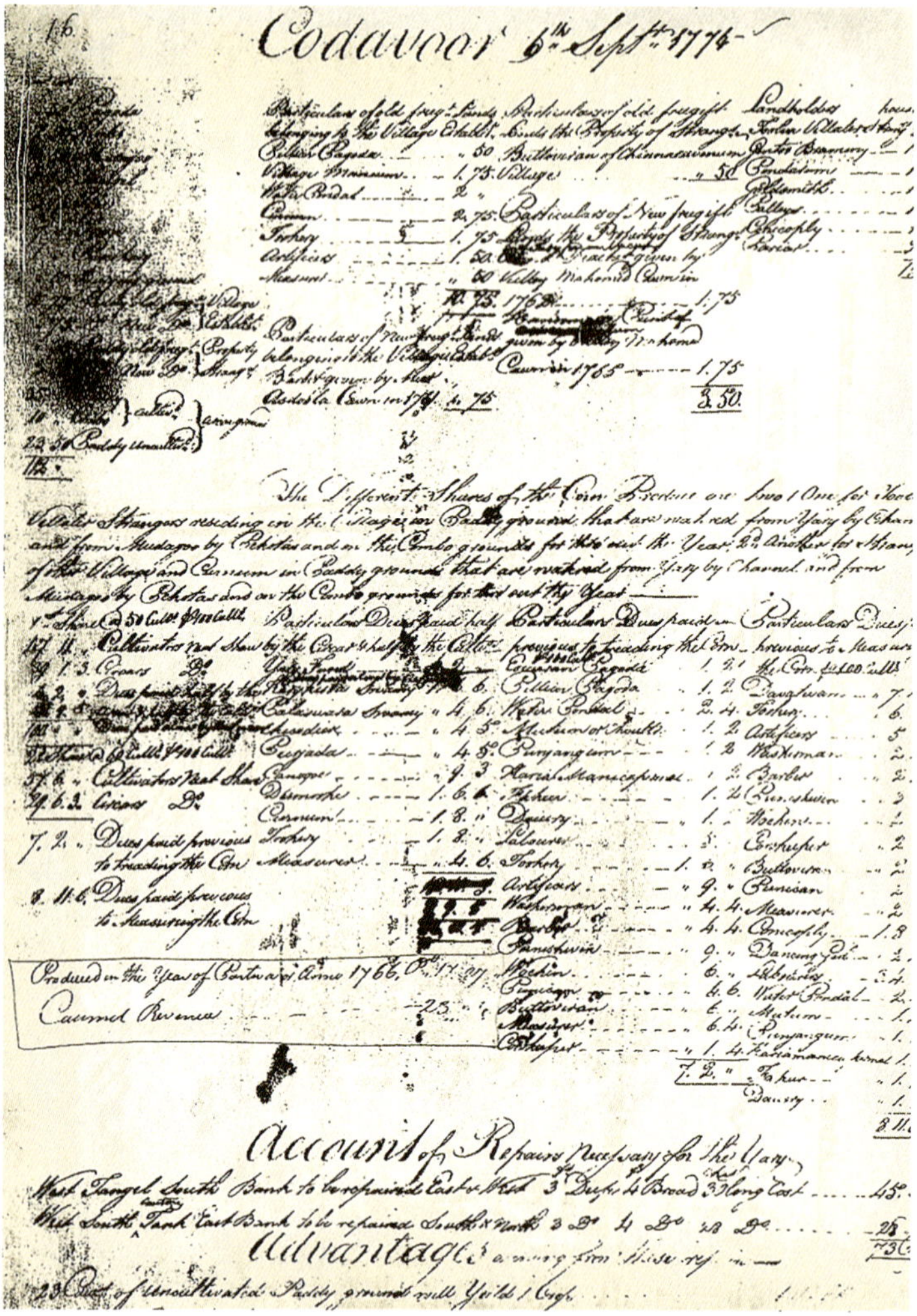


18世紀の村落記録　インドでは、近世まで、様々な記録がパームリーフ（椰子の葉）に記録されていた。この記録は、パームリーフに記載されていた内容を18世紀後半に紙に記録し直したものであり、そこには、村の地目、職種やカースト別の世帯数、免税地の分与、生産物の分配率をはじめとする色々な数値が記されている

村長と村書記　日本の村長に相当するのは、選挙で選ばれるパンチャーヤト・プレジデントと呼ばれる長である。それに対して、インドの村長（上）や村書記（左）は行政を担当する役人である。村長は主に村民から徴税をおこない、村書記は徴税に関わる様々な記録を作成する。うまく記録が長期間にわたって保存されている村にぶつかると、よい研究が期待できる

た。あくまで、自分個人の政治力、軍事力、経済力で村を支配し、村を単位にして自分と自分が支配する村落を独立させていく存在だった。出自としては村落領主であったが、歴史的には別の階層に変身していたのだ。

このように村落を単位とした村長が出現していたとすると、基本的な社会空間が郷のような広い空間であったそれまでの状況とは異なる状況がこの時期に生まれていたことを意味する。それは、それまでの社会空間が分解し、社会体制が崩壊していたことの別の表現でもあった。

では、どのような要因で、このような状況が進むことになったのか。ますます遠回りすることになるが、今少しお付き合いいただきたい。

# 都市の意味

## グローバル・エコノミー

どうして社会空間が郷から個々の村落へと分解していったのか。それを解く鍵は、村の生活とは何の関わりもなさそうな、18世紀のグローバルな動きにある。

18世紀のグローバル・エコノミーの最大の特徴は、大西洋革命とも言うべき、ヨーロッパとアメリカ大陸との経済的関わりが劇的に深まり、そのつながりの中で大西洋世界が急速な成長を遂げたことにある。新大陸から砂糖やコーヒー、綿花などがヨーロッパ世界に持ち込まれ、逆に新大陸へは大量のアフリカ人奴隷とヨーロッパからの移民が、ヨーロッパからの製品と共に移動した。そして、その関係の深まりが、この地域の経済成長を加速したのである。

他方、ヨーロッパ世界とインドや中国との関わりも深まっていた。アジアの大国に売ることのできる製品を何も持たなかったヨーロッパは、新大陸(や日本)で得られた大量の金や銀、銅を運び込み、インドからは綿製品を、中国からは絹や茶をヨーロッパに運んだ。古くから入り込んでいたポルトガルや黒海とカスピ海の間に位置するカフカス地方のアルメニア出身の商人に、オランダやイギリス、フランスなどで結成された東インド会社と呼ばれるインドとの貿易独占会社が17世紀に勢揃いしていた。

様々な商品の中で、世界市場の中で17世紀から大きな影響をもっていたのは、インド産の色とりどりのキャリコを主とする綿製品であった。17〜18世紀のインドは、世界に冠たる製品生産国であり、世界商品としての綿布を広く海外に輸出していた。17世紀末には、インド製品の流入と流行に音《ね》を上げたイギリスの織物業者が、キャリコの輸入どころか着用の禁止までも議会に働きかけ、それを実現させなければならなかったほど、インド製品の影響力は大きかったのだ。

他方、インドでも、このような交易の拡大が着実に国内の変化を呼び起こしていた。特に注目されるのは、海外から持ち込まれた金や銀が通過し、綿布と交換される空間である、南インドであればマドラス（現チェンナイ）やポンディチェリなどの植民地都市が急速に成長を遂げたことである（14、15ページの地図参照）。

## 都市の成長

植民地都市の成長は、著しいものであった。マドラスなどは、17世紀末に40万人に達したという記録もあるが、それほどではないにしても、18世紀半ばでも15万人はいたであろう。18世紀の世界レベルとしてみても、最大級の人口をかかえた都市である。

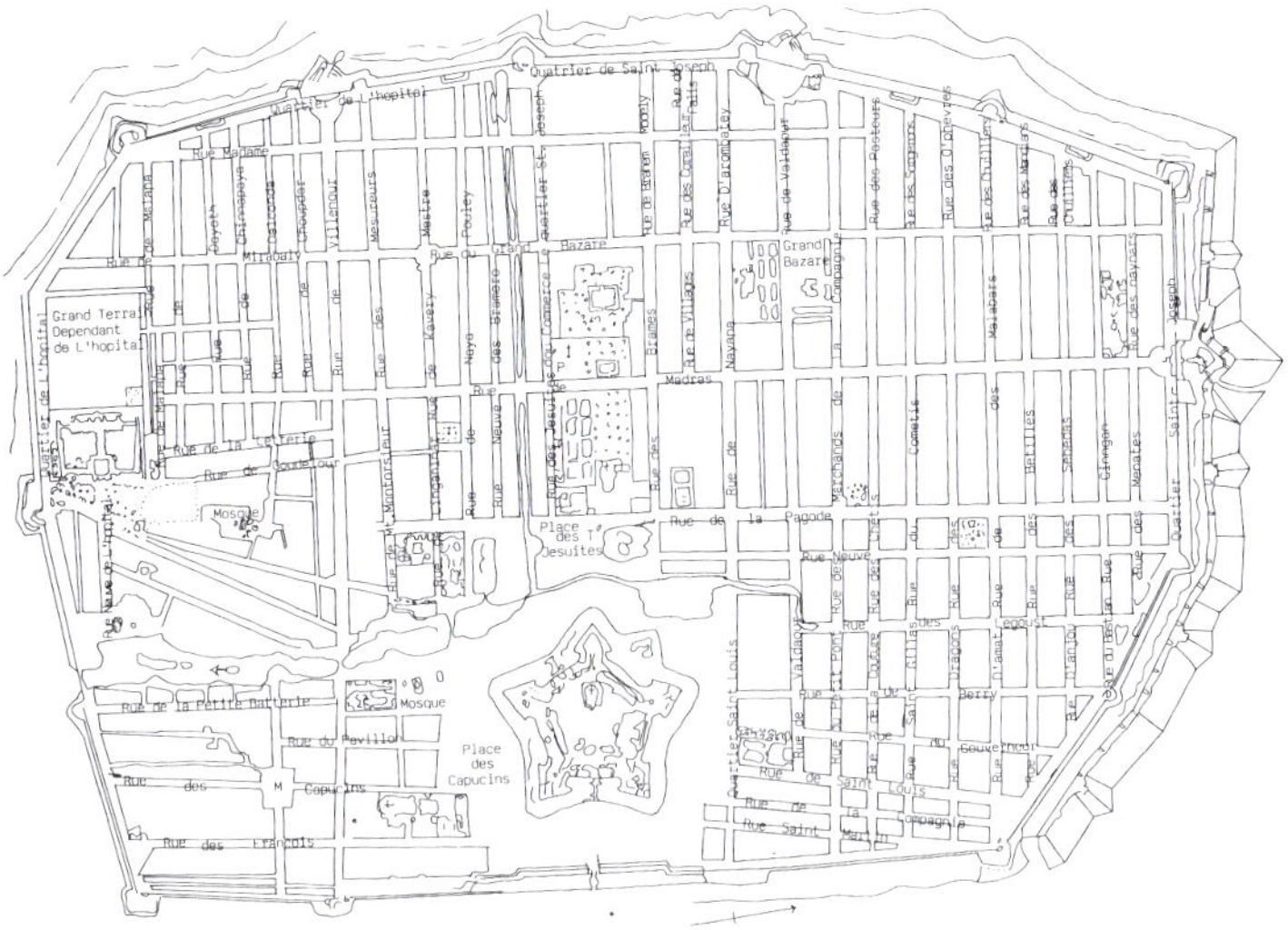


18世紀のポンディチェリの街路図　植民地都市は、碁盤目状に区画され、海に面している地域（下部）にフランス人が暮らしていた。内陸側（上部）の一帯に住むインド人住民は、それぞれカースト別に通りをなして暮らしていた。村落でのカーストによる居住空間の区別が、都市でも踏襲されていた

マドラスのセント・ジョージ砦の内部　植民地都市は、現地の政権抗争にしばしば巻き込まれたために、砦の内部に行政機関や教会、倉庫などを置き、周囲を堅固な城壁で囲むようになっていった。そして砦の外側に、どんどん都市空間が広がっていった

プリカットのオランダ人墓地　船が沈むほどの激しいモンスーンに襲われるコロマンデル海岸では、プリカット湖は船の避難場所として重要であった。その入り口にあるプリカットの町には早くからオランダが拠点を置き、繁栄したが、今は墓地にしか面影が残っていない

マウント・ロード（アンナ・サライ）　マドラス（現チェンナイ）の町は外側に向かって大きく発展してきている。その中心のマウント・ロードの両側には、植民地時代の名残を示す建物が多い

では、この植民地都市の成長が、前節でみたような社会空間の村落への分解とどのように結びついていたのか。詳しくは拙著『前近代南インドの社会空間と社会構造』（東京大学出版会　２００８年）を読んでいただくしかないが、当時の人々がどれほどの食費を支出していたかとか、どの程度稼いでいたかとか、どの程度の人口であったかとか、そもそも農作物の価格がどの程度であったかとか、いずれもなかなか当時の記録には出てこない項目を記録から丹念に拾い集め、試算に試算を繰り返すという作業をしてみると、次のような結論を導き出すことができるとだけ述べておこう。

すなわち、貨幣経済が全般的に浸透する中で、農村部の有力者が、これらの都市市場を目指した農村・都市間の農産物交易に参加することによって、着実に経済的な自律性を増していき、その結果、それらの有力者の一部は、政治的にも村長として台頭し、村を旧来の在地社会全体を単位とした再生産体制から切り離して自己の支配下に置いていったということである。

## 植民地化の意味

かなり回り道をした。やっと、地域社会が村落に分かれていくところまで到着した。あと、もう少しの我慢。

インドは、しかし、その後とても困難な道を歩まねばならなくなった。というのは、こうした事態が進行していたまさにその時に、イギリスによって植民地化されたからであった。

インドがなぜ植民地となってしまったのか。この問題には、幾つもの解がありうる。ムガル帝国は、地方勢力の反抗をおさえるために高齢をおして戦いを続けたアウラングゼーブ帝が18世紀初頭に死去してから、急速に衰退した。その後のインドは、継承国家と呼ばれるムガル帝国を分割して継承した幾つもの地方勢力の時代と化した。マラーター王国やニザーム国、マイソール国、ベンガル国やアワド、アルコットなどのナワーブ(太守)国等々の各地の勢力は、覇権をめぐって対立抗争を繰り返した。そうした中で、初めの頃は否応なくこうした抗争に巻き込まれていたヨーロッパ勢力が、次第に主役となっていった。場合によっては、ヨーロッパでの抗争がインドに持ち込まれたことさえあった。

群雄割拠の戦国時代の中で、風見鶏《かざみどり》的に組む相手を変えるのは当たり前である。インド人勢力の間で、次第に影響力を増すヨーロッパ勢力に積極的に加担していくいわゆるコラボレーターも増加した。そうしためまぐるしい動きの中で、最終的な覇権を握ったのがイギリスであった。

そうした政治的帰趨《きすう》はともかくとして、とにもかくにも植民地統治が開始された。そして、その統治政策の中で、南インドの村々に住む多くの人々にとって重大であったのは、イギリスが導入した土地制度が村の関係の奥底にまで深く入り込む性格のものであった点である。

この土地制度は、ライヤットワーリー制と呼ばれる。それは、国家と個々の耕作者、国家と

継承国家　インドの18世紀は日本の戦国時代に相当する群雄割拠の時代であり、マラーター王国のジンジーにあるような城塞（上）が各地に建造された。下はマイソール国のマイソール宮殿

村の地割り図　この村は、1924年時点で2800近い地片に区切られていた。大きな区画は河川敷や居住区、貯水池、保護森林などの公有地。特に小さい区画は、貯水池から水路が引かれている地域

個々の地片《ちへん》の間に存在するものを全て取り払う制度であった。

植民地支配以前の南インドの村々には、右に述べた村落領主や村長などをはじめとして、国家と耕作者の間に存在する幾つかの中間的階層があった。それらの中間階層は、個々の土地の支配を支配の基盤としていたわけではなかった。彼らが支配していたのは、植民地時代に一般化するような特定の地片ではなく、村全体、村という空間に存在するあらゆるリソースであった。たとえば、村に池があるとすると、その漁業権は村落領主がもっていた。水が流れていれば、その水の利用権もリソースのひとつであった。モノだけではない。たとえば、祭礼の際に、神様への供え物が下賜《かし》されることになるが、それを最初に貰う権利も彼らのものであった。

ライヤットワーリー制は、しかし、これらの中間層を一掃し、社会空間を個々の地片へと解体した。地片とは、村を幾百にも分割した徴税の単位である。そして、切断された個々の地片を基本単位として、国家と耕作者、国家と地片との直接的で単純な構造を作り上げた。その結果、

個々の地片を間に挟んで、植民地国家と農民が1対1で向き合う構造が作り上げられることになった。

## もう少し説明

さて、随分と回り道をしてきたが、ようやく最初の話に戻ることができそうだ。つまり、イギリスの植民地支配というのは、インド世界が長期にわたって育んできた共同的なものを徹底的に解体するものであった。そして、その先に、現在の村の状況がある。いやいや、これではまだちょっと跳び過ぎ。その前に、もう少しだけ19世紀以来の村の変化の様子を説明しておかなければならない。

# 隷属の意味

## 米袋

インドの村で長い時間を過ごすと、印象深い、ある意味でショッキングな光景を目にし、その幾つかが長く記憶にとどまることになる。そのひとつの光景は、たまたま聞き取りのために訪問していた家で、米袋が運搬されてきた際のものである。

家の入り口の近くに山積みされた米袋を入り口から入って奥の部屋に運ぶために、村の数人の労働者が集められた。入り口から数メートルかせいぜい10メートルの距離を運搬するのであろう、と思っていた。しかし、その予想は外れた。彼らは、入り口を通らずに、4角形の3辺をたどる形で通りを大回りし、数十メートルの距離を歩いて裏口から米袋を搬入し始めたのである。

不思議に思って尋ねた私に、家主は、それらの労働者はパライア、不可触民であり、正面入り口からは入れることができないという説明をしてくれた。

村でのカーストの差別、あるいは区別は、歴然としている。居住空間がはっきりと分けられているからである。

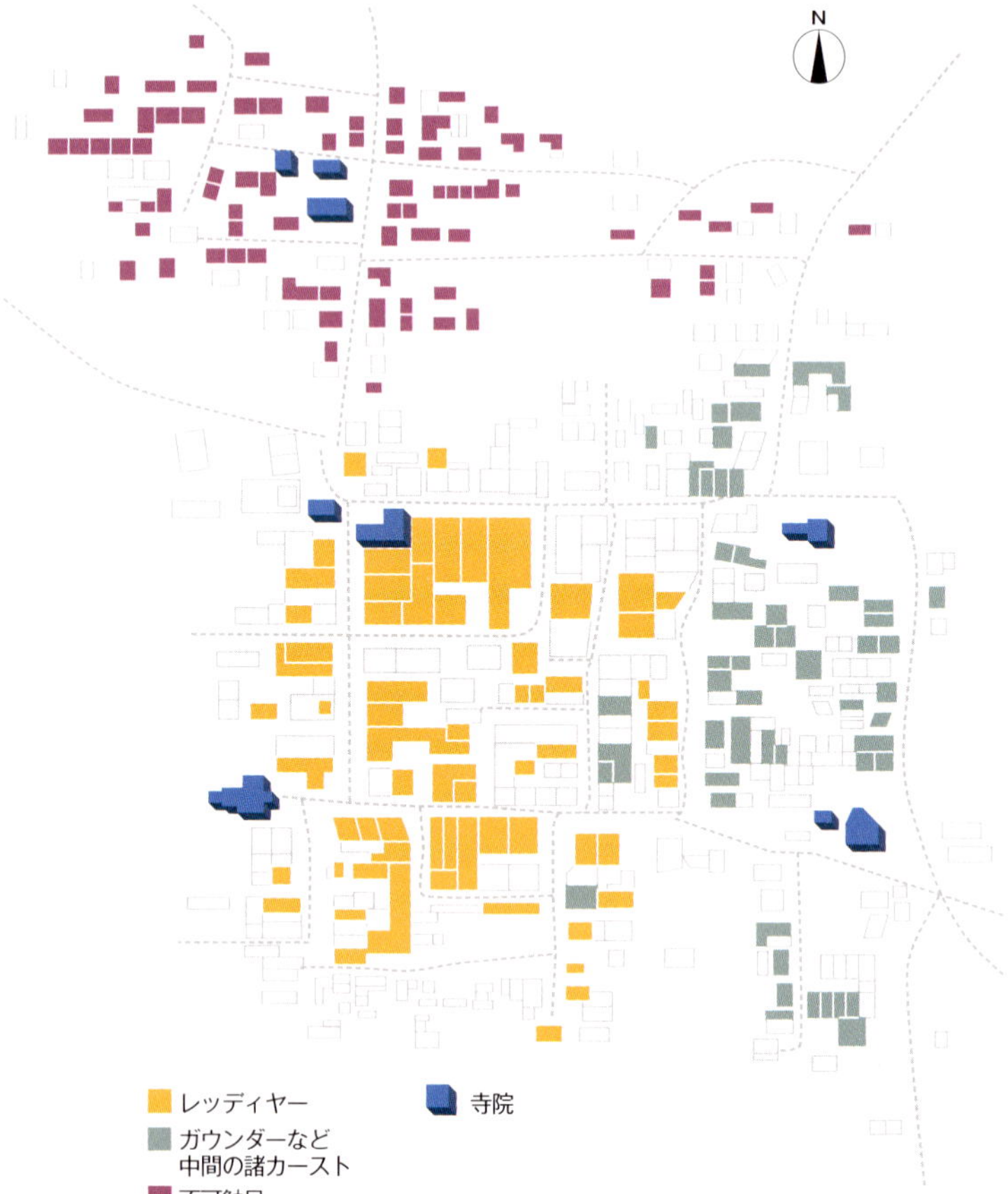


ネイクラム村のカースト別住居見取図
図の南西部で、いずれも大きな区画に住んでいるのがネイクラム村の最有力カーストであるレッディヤーの居住区（黄土色）。逆に、北部に小さな区画が集まっているのが不可触民の居住区（紫色）。それ以外の空間は、ガウンダーをはじめとする現在は後進諸階級と呼ばれている中間の諸カーストが暮らす（灰色）

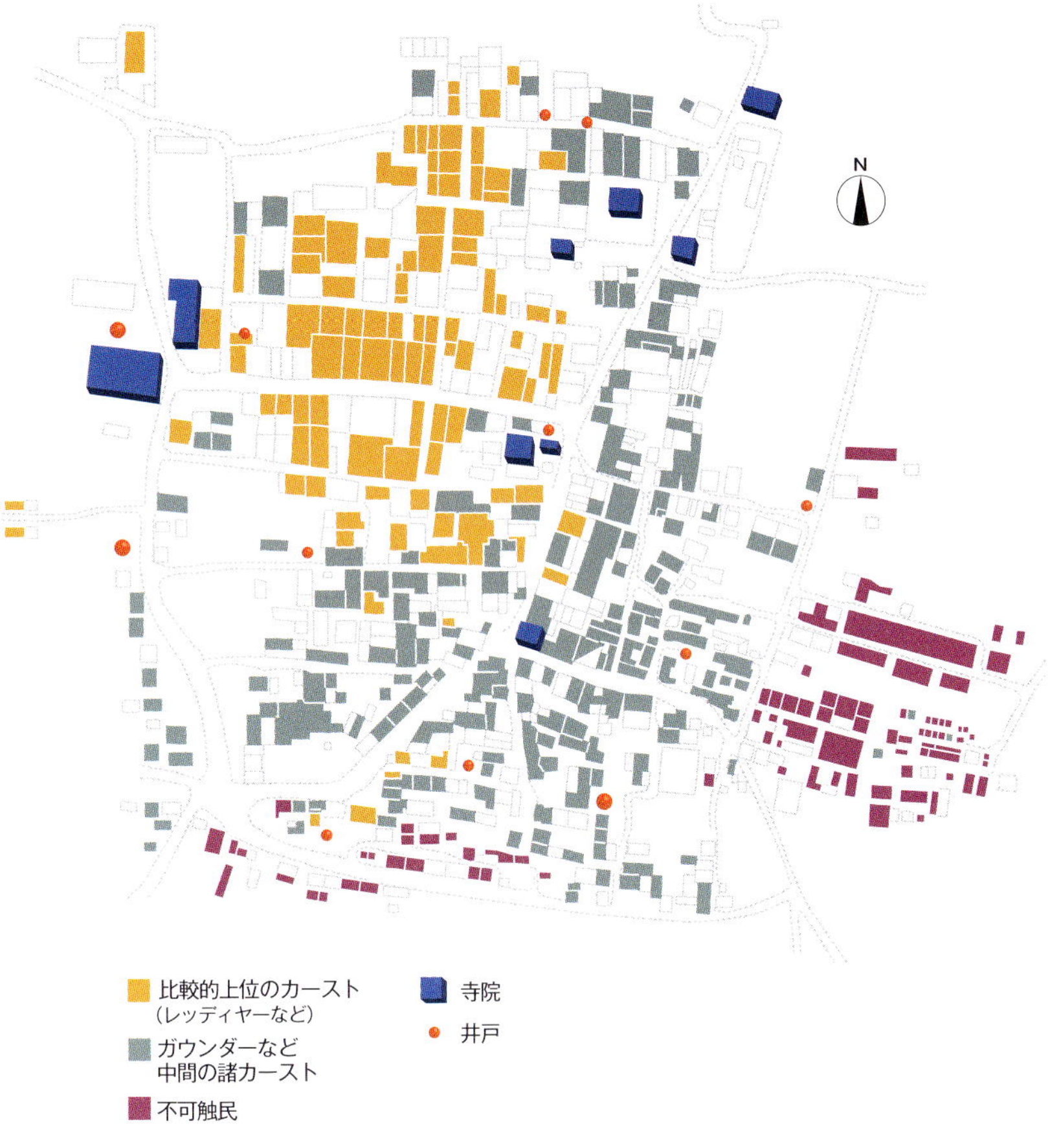


マングディ村のカースト別住居見取図
図の北西部で、いずれも大きな区画で黄土色で表示されているのがマングディ村の最有力カーストであるレッディヤーの居住区。逆に、南部および南東部に紫色の区画が集まっているのが不可触民の居住区。その間の区域は、ガウンダーをはじめとする現在は後進諸階級と呼ばれている中間の諸カーストが暮らす（灰色）

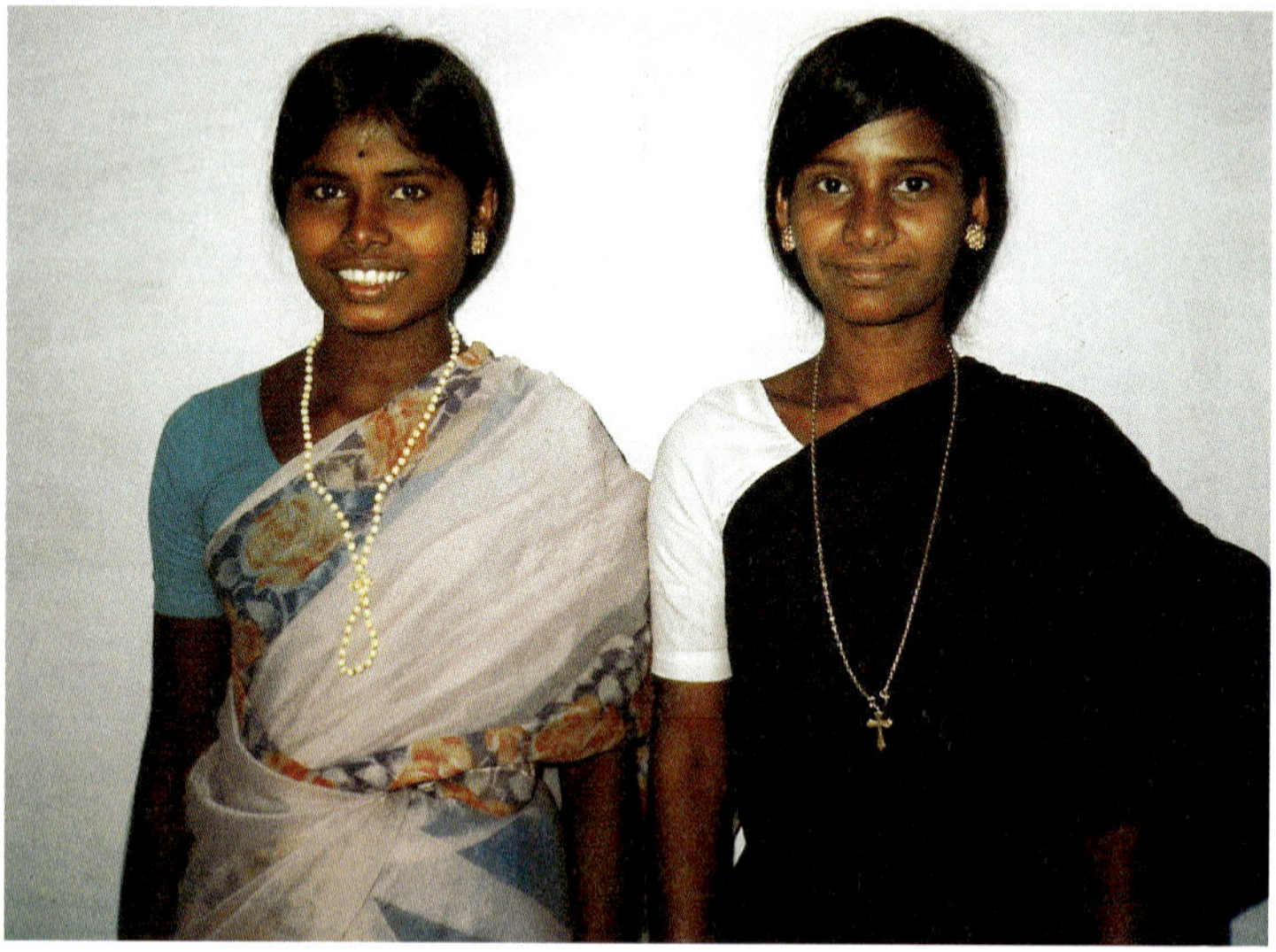

不可触民　上は1980年代の不可触民の居住区。現在は、96ページの写真のように、見違えるほど広い空間で暮らしている。下の右はクリスチャンの、左は不可触民のアシスタント。２人とも既に結婚した

東のシヴァ寺院と西のヴィシュヌ寺院にいわば守られるかのような形で家々がひしめきあっている。その主要な部分は村で一番有力なカーストが占め、そこから一番遠い村の縁辺部《えんぺん》に不可触民が住み、その両者の間に中間カーストが暮らしているという具合である。カーストの縦の社会関係が、空間にそのままレイアウトされているかのようである。

かつて全ての家々を訪れてインタヴューをおこなったとき、不可触民の居住区へは懐中電灯を携えて行った。家の中に光がないのは当たり前で、わずかに設置されている街灯の下で、メモ用紙を懐中電灯で照らしながら聞き取りをするのが普通であった。あたりの道はぬかるみ、日本的に言えばせいぜい6畳前後の、壁はといえば瓦礫がしばしばむき出しているような、家具らしいものは何もないその空間に、人と山羊・羊とが雑居しているという印象である。

他方、村の最上位のカーストであるレッディヤーの家は、多くがコンクリートのしっかりした造りで、場合によっては2階もある。両者の間には、はっきりとした差が目に見える形で存在したのである。

ネイクラム村での私のアシスタントの1人は、当時10代末の不可触民の女性であった。調査の数年後であっただろうか、再び村を訪れた私は、結婚したという彼女にお祝いがしたく、ひょっとしたら会えるかもしれないと思い、彼女の家の方に向かった。噂によれば、彼女の夫はどこか別の村の出身（もちろん同じ不可触民の出自）で、銀行に勤務しているというから、当時としては大変なエリートである。

歩いていくと、居住区の入り口近くで身ぎれいな若い夫婦が壁に寄りかかりながら話をしているのが目に入った。たまたま村に戻っていたのであろう、お目当ての夫婦だった。強い日差しの下でうつむき加減に話をしている2人は、周囲の陰鬱な風景の中で若さと美しさが際だったが、しかし、私には、彼らと周囲とのコントラストがあまりにも強烈過ぎ、その場にいたたまれず、固辞する2人にお祝いを押しつけるようにして話もせずに立ち去ってしまった。今から思えば人と人との出会いの大事な大事な瞬間を逃してしまったことが悔やまれる。私の思い込みが強過ぎただけなのだから。

## 投げつける

もうひとつのエピソードは、これもよく覚えている。ネイクラム村には、村で書記を勤めて40年以上になるバラモンのおじいさんがいた。自分の都合に合わせて耳が聞こえなくなるのであるが、しかし、村の行政、記録に関しては驚くほどの知識を有していた。たとえば、村に数千もあるであろう土地の番号のひとつを言うと、たちどころに誰が所有者で誰が耕作し、何が栽培されているかを言えるという具合である。

バラモンであるから、インドのカーストの上下関係の中で最上位にあるわけだが、このおじいさんの場合、息子が1人だけで、他に大量の（というぐらい多くの）娘たちがいた。よく知られているように、インドでは娘が生まれると持参金の問題が生ずる。堕胎されてしまうケースが出てくるため、お腹にいる赤ちゃんの性別を医者が伝えるのは違法とされているくらいである。当然ながら、このバラモンのおじいさんの経済状態は悪く、書記の仕事で細々と暮らしている。

この見るからに情けないバラモンのおじいさんだが、突然威厳というか何というか、そういうような態度を見せることがある。ある日のこと、私の借家で一緒に村の台帳を調べているときに、不可触民の村人が何らかの書類を貰いに来た。おじいさんは、ノートのような書類に何かをさっさと書きつけ、そこまではよかったのだが、いきなりそれを入り口の外で座って待つ村人に投げつけた。そのような乱暴な態度は、村ではめったにみることはない。

この書記のおじいさんにしろ、正面入り口を使わさせず遠回りさせた村人にしろ、特に性格が荒いとか意地悪なわけではない。差別は、そうした個人の性格とは無縁の、厳格な社会構造として表現されているのだ。

## 土地を持つ

このような差別を支えてきた構造は、しかし、急速に消滅し始めることになった。この問題を、村の過去1～2世紀の変化の中で少し考えてみたい。

学生の頃、経済史研究においてはマルキシズムの影響が極めて強かった。簡単に言えば、なぜある人の立場が弱いかというと、生産に必要な手段、農民であれば土地を持っていないからということである。したがって、これをインド社会にあてはめ、不可触民がなぜ差別されてきたかを説明しようとすると、土地を持っていなかったからということになる。

はたして、このような説明は歴史の現実からみて正しいのだろうか。それで、少し調査村の古い記録を調べてみると、次のような事態がわかった。村には1982年時点で20前後のカーストが居住していたが、一番古い1864年の土地台帳では、この村の最も上位にあるレッディヤーが村全体の8割近くを所有していた。それに対して、レッディヤーに続いて農民カーストのムッティリヤンが8パーセントを所有していたものの、それ以外はせいぜい1~2パーセントに過ぎず、大半のカーストは土地所有とは無縁だった。

不可触民はというと、確かに1864年時点ではごくわずかの土地しか持っていなかったが、その後急速に土地所有を増大させ、現在はレッディヤーに次ぐ地位にある羊飼いのガウンダーよりも所有面積が大きい。つまり、土地所有という点から見ると、不可触民は他の大半のカーストと差がなかったということになる。インドにおける不可触民差別は、日本の経済史学が想定したような単純な経済的解釈からは説明できないのである。

18世紀に関して述べたように、地域社会で生きる人々は、地域社会を再生産させていく何らか

**マングディ村の土地分類の変化**

左の太数字の単位はエーカー、右のイタリックは%

| | 1864年 | | 1898年 | | 1924年 | | 1982年 | |
|---|---|---|---|---|---|---|---|---|
| 所有地 | 1071.1 | 28.9 | 1808 | 44.7 | 2441.9 | 60.3 | 2620.2 | 65.7 |
| イナーム(免税特権のある)地 | 78.3 | 2.1 | 39 | 1 | 36.9 | 0.9 | 36.9 | 0.9 |
| 非所有地(荒蕪地) | 1744.1 | 47 | 1374 | 34 | 335.2 | 8.3 | 156.9 | 3.9 |
| 非課税地 | | 0 | | 0 | 11.9 | 0.3 | 11.9 | 0.3 |
| 公共利用地 | 814 | 22 | 823 | 20.4 | 1221.1 | 30.2 | 1221.1 | 30.2 |
| 全面積 | 3707.4 | 100 | 4044 | 100 | 4046.9 | 100 | 4046.9 | 100 |

**マングディ村のカースト別土地所有割合の変化**

| | | 1864年 | | 1898年 | | 1924年 | | 1982年 | |
|---|---|---|---|---|---|---|---|---|---|
| 主要カースト | レッディヤー | 823.4 | 77.6 | 1057.5 | 60.3 | 971.9 | 40.6 | 539.3 | 26.9 |
| | ガウンダー | 2.3 | 0.2 | 35.6 | 2 | 276.3 | 11.5 | 369.2 | 18.4 |
| | ムッティリヤン | 81.6 | 7.7 | 294.6 | 16.8 | 383.3 | 16 | 441.5 | 22.1 |
| | ウダイヤール | 21.3 | 2 | 73.7 | 4.2 | 170.8 | 7.1 | 149.5 | 7.5 |
| 不可触民 | 不可触民小計 | 8.1 | 0.8 | 148.6 | 8.5 | 406.6 | 17 | 380.6 | 19 |
| | パライヤ(ヒンドゥー) | 1.6 | 0.2 | 48.3 | 2.8 | 137.2 | 5.7 | 118.9 | 5.9 |
| | パライヤ(クリスチャン) | 2.3 | 0.2 | 57.8 | 3.3 | 108.1 | 4.5 | 103.8 | 5.2 |
| | パッラン | 2.8 | 0.3 | 22.5 | 1.3 | 84.9 | 3.5 | 86.8 | 4.3 |
| | サッキリ | 1.4 | 0.1 | 20 | 1.1 | 76.5 | 3.2 | 71.1 | 3.6 |
| ムスリム その他 | ムスリム | 20.1 | 1.9 | 11.5 | 0.7 | 66.5 | 2.8 | 39.4 | 2 |
| | ブラーミン | | 0 | | 0 | 3.3 | 0.1 | | 0 |
| | パンダーラム | 4.1 | 0.4 | 0.7 | 0 | 6.2 | 0.3 | 4.7 | 0.2 |
| | チェッティヤー | | 0 | | 0 | 26.9 | 1.1 | 35.5 | 1.8 |
| | オッタンチェッティ | | 0 | 10.8 | 0.6 | | 0 | 10.9 | 0.5 |
| | カルオッタン | | 0 | | 0 | | 0 | 0 | 0 |
| | アーサーリー | 13.7 | 1.3 | 28.3 | 1.6 | 17.6 | 0.7 | 17.6 | 0.9 |
| | ヴァンナーン | | 0 | 8.1 | 0.5 | 7.6 | 0.3 | 2.8 | 0.1 |
| | パリヤリ | | 0 | | 0 | 10 | 0.4 | 5.3 | 0.3 |
| | ヴァンニヤール | | 0 | | 0 | 5.2 | 0.2 | 5.7 | 0.3 |
| | ナーヤッカン | 2.7 | 0.3 | 23.2 | 1.3 | 6 | 0.3 | | 0 |
| | ピッライ | 0.8 | 0.1 | 3.9 | 0.2 | | 0 | | 0 |
| | コーナール | | 0 | 13.2 | 0.8 | 10.1 | 0.4 | | 0 |
| | クサヴァン | | 0 | 24.6 | 1.4 | 6 | 0.3 | | 0 |
| | その他 | | 0 | | 0 | 13.7 | 0.6 | | 0 |
| | 不明 | 82.8 | 7.8 | 19.1 | 1 | 6.6 | 0.3 | | 0 |
| 計(所有地を100%とする) | | 1060.9 | 100 | 1753.4 | 100 | 2394.6 | 100 | 2002 | 100 |
| 寺院地・イナーム(免税特権のある)地 | | 79 | | 83.3 | | 81.7 | | 83.3 | |
| 村内小計 | | 1139.9 | | 1836.7 | | 2476.3 | | 2085.3 | |

土地台帳から作成。土地分類を示した上の表から、荒蕪地(こうぶち)の開墾が進み、村の全面積に占める所有地割合が増大していったことがわかる。下の表は、所有地のカースト別所有割合を示したもの。最上位のレッディヤー・カーストの所有比率が大きく低下し、ガウンダーをはじめとする下位カーストが土地所有を拡大した状況が示されている。なお、1982年に村外者が571.8エーカーを所有しているが、この年以外の村外所有については不明

の役割を持ち、地域社会の生産物全体への取り分を得て生きていた。したがって、ちゃんと仕事さえしていれば、別に特定の土地を保有していなくても、ちゃんと生活していけたのである。

ところが、このようなシステムが解体され、土地が全ての関係を規定していくようになると、土地などなくてもというようなのんびりした状態は消えてしまう。羊飼いにしても、羊を飼うには草が必要であり、草の生えている土地が誰かの排他的な所有地になってしまうと、勝手にそこに入っていくわけにはいかなくなる。必死に土地を獲得しないといけなくなったわけで、このような状況を背景として、19世紀前半からこうした「農民化現象」がインド全体で生じたとも言われている。

マングディ村でも同様で、様々なカーストの手によって荒蕪地《こうぶち》開発が急速に進むと同時に、19世紀の半ばまでほとんど独占状態を維持していたレッディヤーの土地所有割合が低下していき、1982年時点では全体の27パーセントにまで落ちてしまうという状況が生じた。代わって、ムッティリヤンが8から22パーセントへ、ガウンダーがほとんどゼロから18パーセントへそれぞれ増加した。さらには、不可触民が0・8パーセントから19パーセントへと所有比率を増大させた。

## パンナイヤル

こうなってしまうと、村落内の支配構造、あるいは不可触民の隷属を可能にする社会構造は大きく変わったと言わざるをえない。何よりも、農業生産での労働関係が大きく変化するからであ

羊飼い　山羊や羊は３ヶ月で売れるようになるので、うまく回転すれば儲かる。子山羊は飼い主を親と思ってどこまでもついてくる。左は羊、下は山羊。息子に山羊を１匹飼い与えたが、村に帰ってみたら、誰かの胃袋に入っていた

る。たとえば、村の井戸から水を長時間にわたる単純労働で汲み上げるカバライイは、主に不可触民からなるパンナイヤルという常雇いの労働者が担ってきた。かつてはレッディヤーの特定の雇い主と不可触民の特定のパンナイヤルとが主従関係にあり、パンナイヤルが様々な農作業を担ったように推定できる。ところが、不可触民が自ら土地を確保し、そこでの農作業が重要になってくると、こうした関係は崩れ、パンナイヤルのなり手がいなくなる。となると、複雑で多面的な活動を通じて農業経営を維持するような労働力がいなくなってしまうことになる。

パンナイヤルに関し、実際、どのような契約がおこなわれるようになったかというと、雇い手がパンナイヤルにまとまった金額を前渡しし、1年から数年の契約で働いてもらうというものである。このような前渡し金の存在は、よく事情のわからない即席農村評論家が、金で縛るある種の奴隷のような存在であるとすることがあったが、何のその、ある不可触民家族は、息子5人の内、下の4人をパンナイヤルにして大金を確保し、それを資金にして長男に高等教育まで進ませ、長男はマドラスで超一流の銀行に就職して弟たちの面倒を見始めたという例がある。ある一側面だけを見て、前近代的だと解釈するのはあまりに短絡的であろう。

## 選挙

2007年の末の村は、こうした村落の社会関係の変化をいっそう推し進めたものとなっていた。どこへ行っても耳にするのは労働者不足。パンナイヤルは、もうすっかり消えてしまったと聞く。不可触民居住区の家々は、かつての羊小屋のようなものとは比較にならないほど整備されている。かつては鋤《すき》さえ所有しない家があったのに、今では4〜5台の大型トラクターが並んでいる。土地所有についてはまだはっきりしないが、おそらく不可触民の比率は一段と高くなっているであろう。

このような変化は、村のポリティックスにも影響を与えている。ごく最近のパンチャーヤト・プレジデント選挙でのこと。パンチャーヤト・プレジデントというのは、日本で言えば地区長のようなもので、公共工事をはじめ、様々な政治的なつながりが選ばれたパンチャーヤト・プレジデントを通じてなされる。

ネイクラム村で、とても面倒見のよいクリシュナさん（レッディヤー）は、長くこの地位にあった。ところが、パンチャーヤト・プレジデントよりももうひとつ上のレベルの選挙に出るつもりで、パンチャーヤト・プレジデントの地位をガウンダーの若者に譲ろうとしたらしい。ガウンダーは、この100年間に徐々に力をつけ、今ではレッディヤーに次ぐ地位にある。人数もレッディヤーや不可触民に匹敵する。クリシュナさんは、うまくガウンダーたちの支持もとりつけて、上位の選挙に勝とうと画策したわけである。

ところが、思いがけないことに、クリシュナさんは所属政党での候補者調整で外れてしまい、

現在の不可触民居住区　1980年代の写真（86ページ）と比較すると、その違いに驚く。下は、不可触民たちが資金を集めて新築した女神を祀った寺院

新しい農機具　1980年代には、どこか遠くの村にトラクターが入っているという噂が伝わった程度だったが、現在ではトラクター（下）だけではなく、ハーヴェスター（上）まで珍しくなくなってきた

1990年代末のティルチ郊外
現在では役牛の数が減り、このような形の牛車の数も減った（上）。他方、菜食主義ではなくても経済的理由で従来なかなか口に入らなかった山羊や羊の肉への需要が増え、山羊や羊の飼育は重要な収入源となっていて、路上市で売買される（右）。左は飲料用の若いココナツを運ぶ。まだまだ自転車が活躍していた

同じく1990年代末のティルチ郊外　雨期にだけできる浅い溜め池で家畜の世話をする。水牛や乳牛は、いずれもミルク需要が増えたことから、ミルク産業と結びついて飼育されることが多い

その選挙に出ることができなくなってしまった。で、早速、自分の方から立候補をうながしたにもかかわらず、ガウンダーの立候補予定の若者にパンチャーヤト・プレジデント選への立候補取り止めを求めた。ところが、彼にとっては大変意外なことに、その若者は立候補を取り下げることに同意しなかった。こうした状態のまま、選挙が迫った。

インドでは、こうした時に動くのは、日本でもよく耳にしたように(今もまだ残っているようだが)金である。この場合、キャスティング・ヴォートを握るのは、人口の2〜3割を占める不可触民であるから、ターゲットは不可触民になる。で、ガウンダーたちは一丸となって不可触民にまとめて「寄付」を渡した。窮地に陥ったクリシュナさん。クリシュナさんは、せいぜい保険会社の勧誘員程度の職業であるから、お金はもっていない。で登場したのが、遠くの県で事業を営むクリシュナさんの兄。投票日の前日の夜、クリシュナさんの兄は不可触民の家々を回り、1軒ごとに金の包みを渡して歩いたという。

さて、結果はどうであったか。たしかにクリシュナさんは当選することは当選したが、僅差であった。それは、不可触民が見事な投票行動をしたからだ。つまり、夫婦で、それぞれ1人がクリシュナさんに、もう1人がガウンダーの若者に投票したのだ。これならば、レッディヤーもガウンダーも文句は言えまい。

そして、もうひとつの結果も生まれた。不可触民居住区には、立派な寺院が新築され、居住区

選挙　町はポスターが氾濫しているが、最も多いのは映画と選挙関係

若き日のクリシュナさんと娘　選挙で選ばれるパンチャーヤト・プレジデントをつとめるクリシュナさんは、今も、バイクで飛び回っている

の道路はコンクリートとなったのだ。

村からバスで1時間弱のティルチの町は、インドの近年の好景気を反映して家や道路の建設ブームである。村での日当が100であれば、町の建設労働の日当は村の日当の5割増しである。かつては、カーヴェーリ河沿いの水路を流れる水の移動と共に動く季節労働者が見られた。村から何組もの労働者集団が灌漑地域の村々での田植えや稲刈りに1~3ヶ月もの間村を離れて移動するのである。今は、それらの地域ではトラクターやハーヴェスターが当たり前となっていることもあり、村からの労働者は、むしろ季節とは無関係に、町の建設労働に出かけることになる。そして、そこから得られた現金収入を、村での土地の購入にあてるのだ。

## 儲からない農業

他方、従来、村の支配カーストとして君臨していたレッディヤーはどうかというと、農業への興味を失ってきているというのが実情だ。何をどうしようとも、上位カーストにとって農業は儲からなくなっているからである。

緑の革命は、確かに収量を増やした。農民たちは、高収量品種を導入し、化学肥料や農薬を購入し、電気ポンプを設置し、井戸をさらに深く掘り、それでも足りなければチューブ・ウェル（管《くだ》井戸）を加えた。農業改良事業の講習にもせっせと出かけ、工夫に工夫を重ねてきた。しかし、や

農業風景　脱穀作業を終えて餌を食べている役牛（上）。家畜の飼料が村で充分に得られないときには、近隣の村から飼料を購入することもある。下は、カストール油（ひまし油）を採るヒマの栽培

農業風景　上は綿花、落花生、コエンドロ（コリアンダー）などを植えた畑での除草。下は、河川沿いの灌漑地域の村々へ集団で出かけた季節労働者の一行。左上は脱穀後の風撰（ふうせん）。いずれも1980年代初め

村の運動会　脱穀が終わると運動会の季節となる。運動会には村の足自慢、腕自慢が集まり、技と力とスピードを競う。著者も自転車の遅乗り競争では、予選をトップ通過した。写真は、自転車早乗り競争の勝者たち

はり農業は儲からない。

なぜ農業が儲からないかという理由は幾つかある。第1に、ここでもまた水の問題である。そもそも、マングディ村にせよネイクラム村にせよ、米など本来作ってはならない地域のはずであった。私は、チェンナイの北に位置するポンネリ地域を対象にして、現在まで衛星情報も一部利用しながら研究を進めてきた。その地域を、数年前に車で回ったとき、行く先々で車がストップする羽目に陥った。舗装道路を格好の脱穀場だと心得た村人たちが、収穫した穀物を数十センチの厚みで道路が見えないぐらい延々と広げているために、バスのような大型車両はともかく、普通の乗用車の場合、それを車軸に巻き込んでしまって車が動かなくなるからである。

その翌年、やはり同じ時期に同じ地域を車で回ってみた。すると、車がストップするほど道路が穀物で埋まるというような機会に全く出くわさない。日本に戻ってその地域の衛星写真を入手してみると、地域の周縁部一帯が荒涼とした状況を示している。この年の雨量が少なく、多くの地域で作物が育たなかったからだ。

この同じ地域について、さらに時間を遡《さかのぼ》って、1770年代、1790年代、1800年代、そして1870年代と地域一帯の土地利用や作物状況、村落の居住地域を調べてみると、さらにおもしろい状況が明らかとなった。この地域の周縁部には、18世紀までほとんど村落が存在していなかった。それに対し、1870年代になると、周縁部に多くの村落が広がるようになっている。

従来の農業地帯から、従来何らかの理由で農業がおこなわれていなかった周縁部での開発が一気に進んだわけである。また、米作一辺倒の農業が拡大した。18世紀まで、ヒエやアワやモロコシをはじめとした様々な非灌漑作物が作付けされていたのに対して、1870年代ではほとんどの村が米で埋め尽くされるようになっているのだ（110ページ参照）。

問題は、19世紀に入ってから開発されてきた地域が、天候条件に極めて神経質に反応する脆弱《ぜいじゃく》な地域であり、言うならば、米の作物限界を超えた博打的な稲作農業を展開しているということになる。18世紀末までに、安定した農業地域は既に開発し尽くされており、その後の開発は、かなり無理な条件の地域で進み、しかも米作を推し進めようとしたから、いったんモンスーンがずれてしまうと、壊滅的な打撃を被るという状況を21世紀のポンネリ地域が経験しているというわけである。

同様な状況は、マングディ村でもネイクラム村にも訪れた。ネイクラム村では、2007年末のモンスーンの開始が遅れたために、稲はほぼ壊滅したという。しかも、時期遅れでやっと来たモンスーンは、3日にわたってものすごい降りを続けたことから、さらにダメージを深めるものとなった。

このように、水の状況が過大か過小かのいずれかであって、ちょうどよい程度のことがほとんどないのであるから、過小の方にあわせて節水型の農業が可能であれば、そこに希望を見出せるかもしれないし、現にそのような試みもおこなわれている。2008年7月21日付けの『朝日新

## ポンネリ地域の土地利用と作物状況

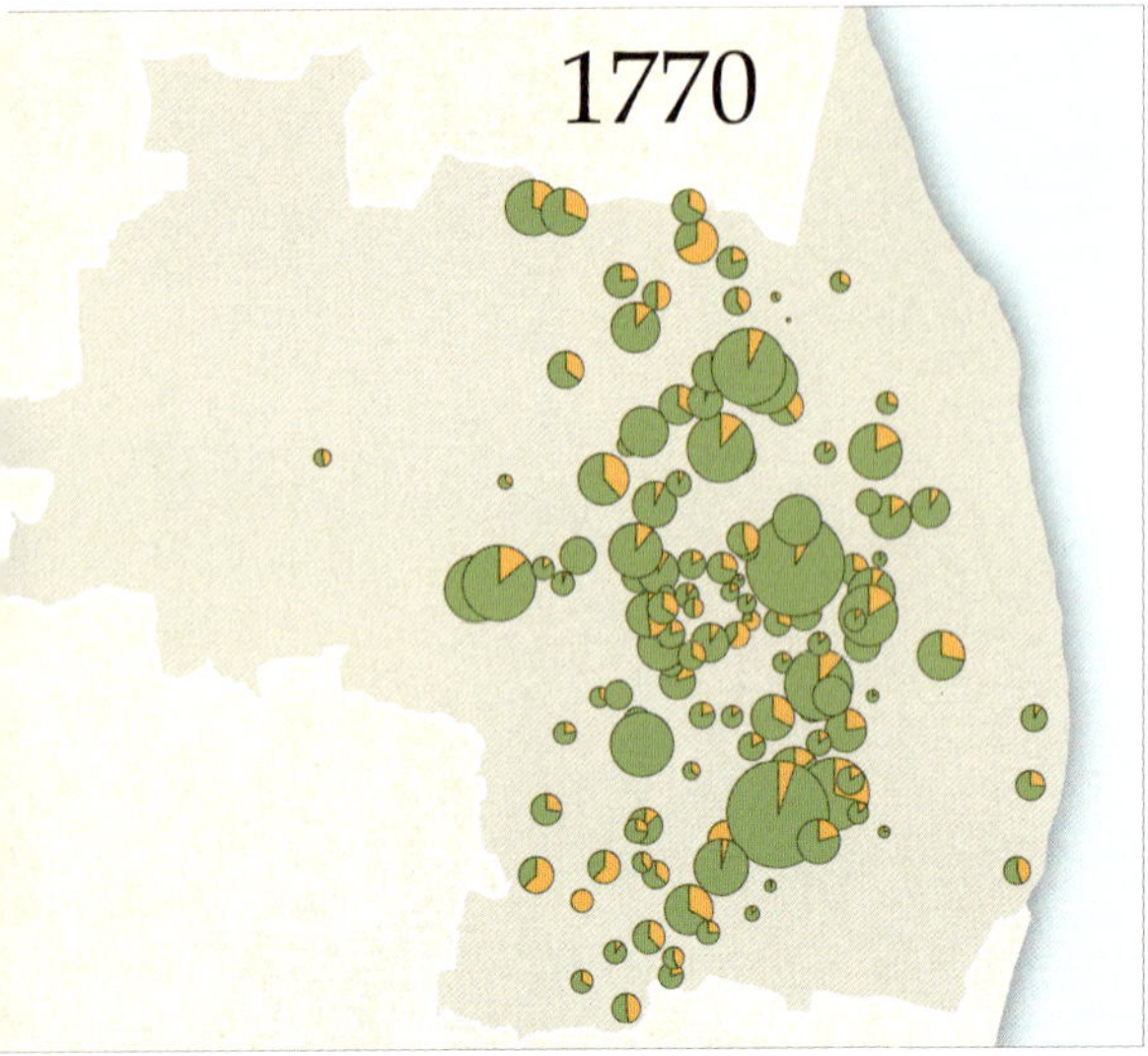


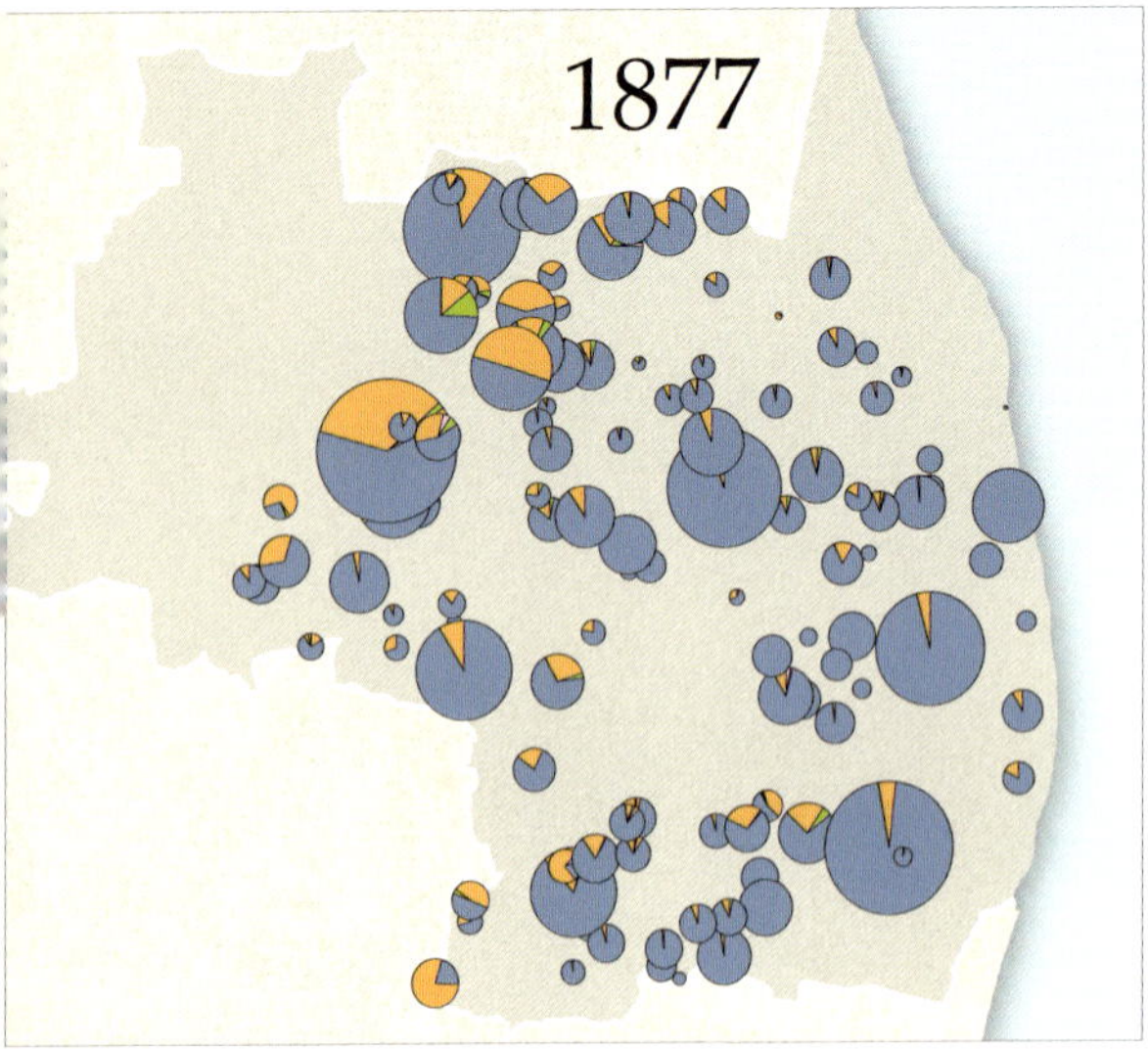


チェンナイの北にあるポンネリは、東西約45キロ、南北がほぼ40キロの地域である。15ページの地図参照。3図とも、作付面積を円の大きさで示し、作付面積割合を色わけした。現在に近づくほどデータの入手が難しく、1998年は入手できた該当村からのデータによる

### 1770年代地目

1770年代の灌漑地・非灌漑地構成（『バーナード報告』より作成）

円グラフは、1770年代の村ごとの灌漑地、非灌漑地の作付面積割合を示している（緑色部分は灌漑地、オレンジ色部分は非灌漑地）。この時点では、まだオレンジ色部分が広く分布していることが見てとれる

### 1877年作物

1877年の作物別作付割合（ポンネリ地域の村ごとの土地台帳より作成）

円グラフは、1877年の村ごとの灌漑作物と非灌漑作物の作付面積割合を示している。青色部分は米、緑色部分はその他の灌漑作物、オレンジ色部分はヒエ、アワ、モロコシなどの各種非灌漑作物。灌漑比率が高い中央部分の村々の情報が得られず、図では示されていないためにはっきりとした比較はできないが、全般的に米作一辺倒に進んできていることが見てとれる

## 1998年作物

1998年の作物別作付割合（フランク・ハイドマンの現地調査からの情報により作成）

円グラフは、1998年の村ごとの作物別作付面積構成を示している。青色部分は米、緑色部分は主に果樹からなる灌漑作物、オレンジ色部分はヒエ、豆などの各種非灌漑作物、桃色の部分はユーカリなどの商業林。近年になると村別の作物別作付面積の情報が得にくくなるが、この図で用いている情報は、ミュンヘン大学の友人で共同研究者であるフランク・ハイドマン教授から提供されたもの。米作一辺倒から、近年ではマンゴーをはじめとする商品価値の高い果樹栽培が増えていることが見てとれる

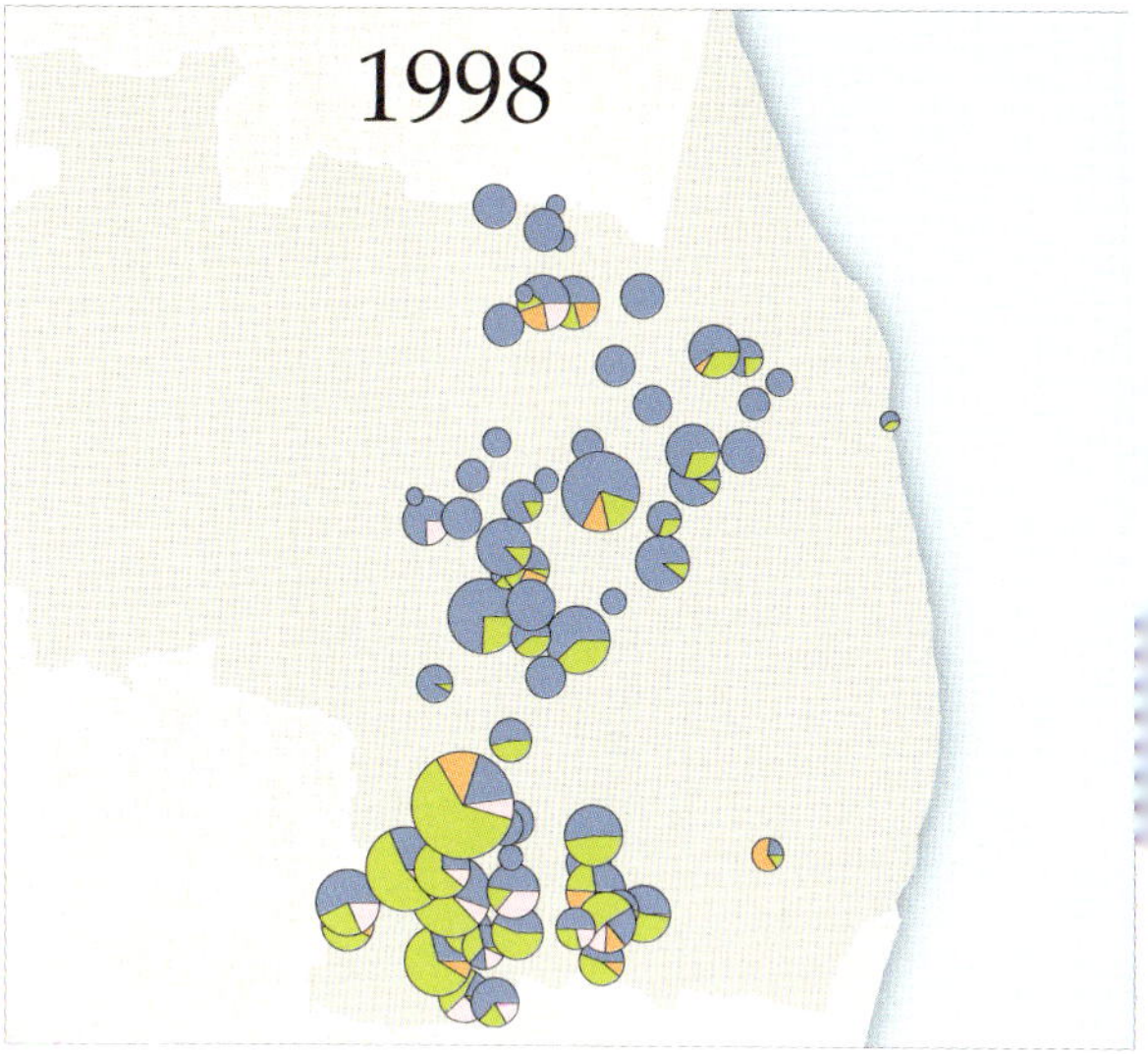

道路は脱穀場に　モンスーンの雨量がほど良く豊作だったこの年、道路が脱穀場と化し、車軸がわらを巻き込み、あちこちで車が立ち往生。翌年は旱魃（かんばつ）、こうした光景は全くなかった

聞』によれば、水田に25センチほどの間隔で若い苗を1本ずつ丁寧に植え、少ない水でも育つように何度も水を抜き、除草もきめ細かくすることで茎が太くなり、穂が増え、米粒も大きくなるようなSRI（米高収量システム）と呼ばれる節水型の稲作技術があり、現実にタミルナード州の北隣のアーンドラ・プラデーシュ州で実験され始めているとのことである。それによって、田の水量が3割減らせ、単位収量が倍増し、種や肥料も節約できたともある。いいことずくめの技術に見えるが、技術というものは社会の側に選択権がある。田植えにせよ水管理にせよかなり手間のかかるように見える手法が、労働者不足に悩むインド農村で実際に可能なのかどうか、そうした手法を導入したことによる増収分が実際に自分たちのものとなるかどうか、農民にやる気をおこさせる土地をめぐる権益構造の問題はどうか、さらに、増収によって上下動する価格の維持はどうなのか……。新たな技術体系が成功するかどうかについては、まだまだ未知数の部分が多い。

## コストがかかる

第2の理由は何か。それは、今度は逆に豊作になった場合、価格が暴落し、各種のコストを負担してようやく豊かな実りにたどり着いたにもかかわらず、元がとれないのである。価格は、農民ではなく買い取る商人が決めるのであり、豊凶にかかわらず、農民の手元には何も残らない。

第3の理由は、農業が、少なくとも農業の担い手の少ないレッディヤーにとって、とてもコス

村祭り　最大の呼びものは山車（だし）。きれいに飾り付けた山車を、数百人が２日がかりで村の通りを引き回す。村の女神（下）も、花の首飾りを巻き付けられ、楽師が神へ捧げる音楽をかき鳴らす

吉祥模様コーラム
ポンガル祭りと呼ばれる新嘗祭（にいなめさい）の前には、女性たちが色をつけた米の粉などで大きくカラフルな模様を家の前の道路いっぱいに描いて、競い合う

左ページ
ポンガル祭りのご馳走　3日続くポンガル祭りのうちの1日は牛への感謝にあてられる。牛が好きかどうかは別として、黒砂糖を混ぜて甘く煮たご飯（ポンガル）を牛に食べさせる（上）。村の寺院では、床屋や洗濯人などの村のサービス・カーストに対して、神様への捧げものであるココナツなどが順に与えられる（下）

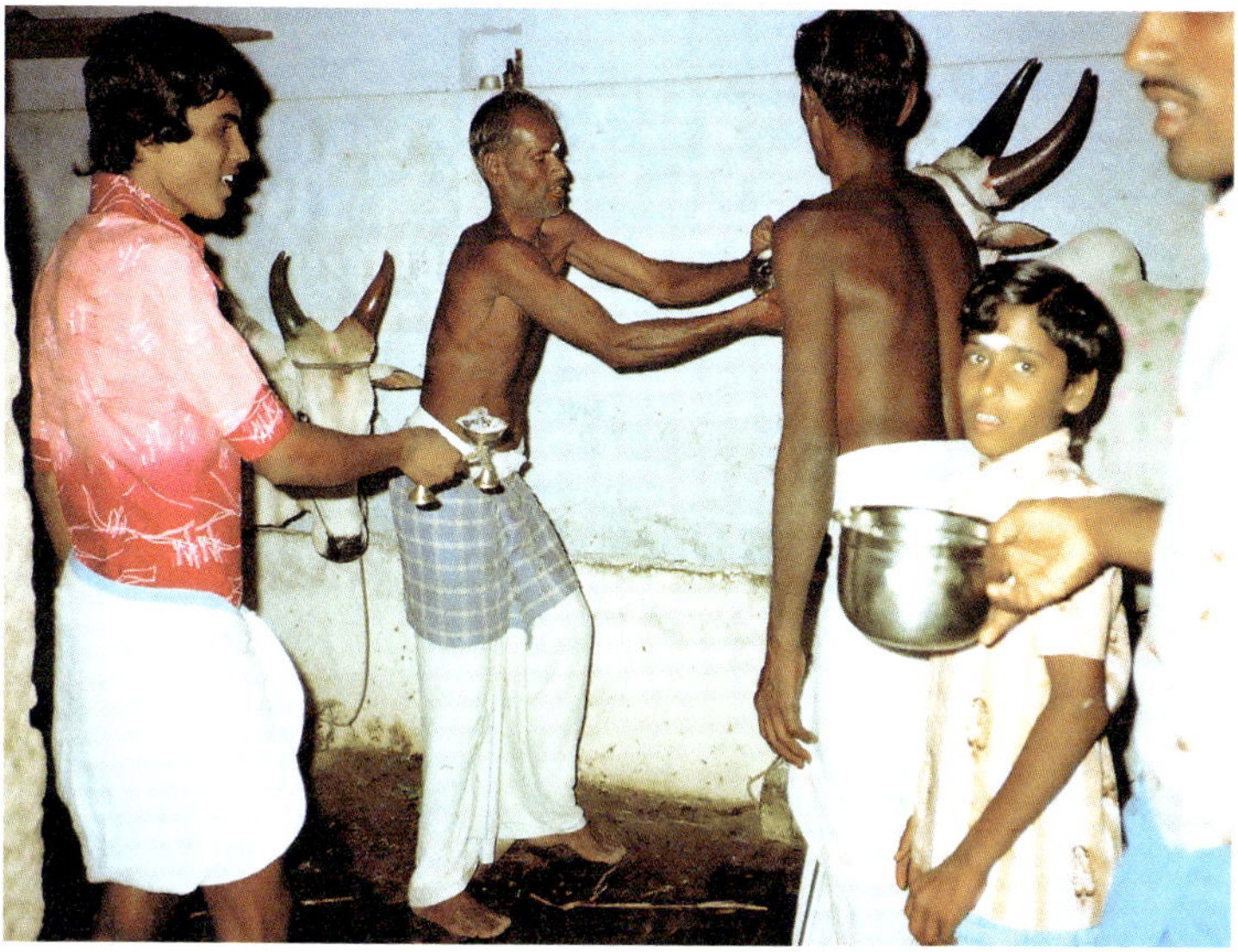

農閑期に集団で巡礼
左はティルチの町のランドマーク、ロック・フォート（岩山の城、135ページに俯瞰写真）のヒンドゥー寺院。農閑期に揃いの衣装で、耕耘機（こううんき）やマイクロバスに乗って、にぎやかに巡礼を楽しむ。
　左のヒンドゥー寺院に巡礼する老若男性の20人ぐらいのグループ（上）。大勢の巡礼者のなかでも識別できるように、揃いのオレンジの布を巻いている。何日も寝食を共にする巡礼で、世代間の交流が深まる。右はやはり揃いの黒い服の男性20人ほどのグループで、寺院の巨大なゴープラム（山門）の前での記念写真

Sivam
friday
dressing
Allen Solly
punjab national bank
RAYMOND
DIGJAM
Garden
சிவம்
Sivam
Louis Philippe
Van Heusen
PETER ENGLAND
Sivam
EXCLUSIVE JEANS SHOP
PETER ENGLAND
raymond's
DIGJAM
Raymond

トのかかるものになってきたという点である。何よりも、労賃が占める割合が上昇したという事態がある。乾燥地域の村の農業は、米、サトウキビ、ライム、レモン、チッリー(トウガラシ)、モロコシ、アワ、豆類、綿花、落花生、コエンドロ(コリアンダー)など、多種多様な作物を次から次に栽培するのであり、大変に手間がかかる。さらに、牛や山羊も飼うとなると、多角経営といえば聞こえはよいが、何台もの自転車を一緒にこいでいるようなもので、労働力の調達ができなければ極めて厳しい。たとえば、世話ができないという理由もあって役牛はほとんど見かけなくなり、代わってトラクターを借りる。しかし、その借料はかなりのものである。人手がないために乳牛も飼えなくなって、2008年のポンガル祭り――南インド最大の祭りで、祭りの2日目には乳牛にポンガルという黒砂糖で甘く煮たご飯を食べさせる――は、祝うことさえできない。

## 5人兄弟

私が70年代末にお世話になった家主には、5人の息子がいた。長男は現在は50代後半に入っているが、大学を出てすぐにバスで数時間の町で碍子《がいし》工場を経営し始めた。次男は、まじめさと優しさを絵に描いたような男で、あちこちの農業講習会や試験場に出かけ、村に残って農業を継いだ。村の最先端の農業知識を持った農業経営の若きリーダーとなった。

3男は、若い頃にはチェンナイに働きに出かけ、トラックの助手をしていたが、ある時マルワーリーというインドでは有名な金貸しコミュニティーから高利の融資を受けてトラックを購入した。儲かると言われてである。2年と持たずに借金の山となり、大量の借財を抱えて村へ戻ってきた。その後、運良くティルチの町で親戚が病院の手伝いを求めているということで働き出し、結婚した今は、病院への出資金の配当と月給で充分な生活を送っている。4男は、カレッジを出て地元の大企業に就職したが、その後アメリカにわたって、現在はカリフォルニアのシリコンヴァレーでコンピュータ技術者として家族共々暮らしている。5男は、長男と同じ町で商店を営んでいる。では、この5人の中で、誰が貧乏くじをひいたのか。25年を経て見る限り、農業を継いだ次男である。

兄弟たちは、２０００年代の初め、ティルチの中心に位置する住宅地を買った。そこに、親戚と共同で、4階建てでそれぞれ3ベッドルームのマンションを建築した。今そこに住んでいるのは3男夫婦だけだが、その下の階には長男と5男のフラットが用意してある。アメリカにいる4男は、それに隣接した宅地を入手した。現在は空き地となっているが、いつか帰国した場合にはそこに家を建築する予定だ。もし戻らないとなっても、この土地はこの数年間10倍以上に値上がりしている。では、これらから誰が外れているか。農業を継いだ次男である。

数年前に父親が死んだ際に、土地は分割されずに、実質的に次男が経営を続けることになった。南インドでは、井戸の例と同じように、全ての財産は男子の間で均分相続されるのが基本であり、

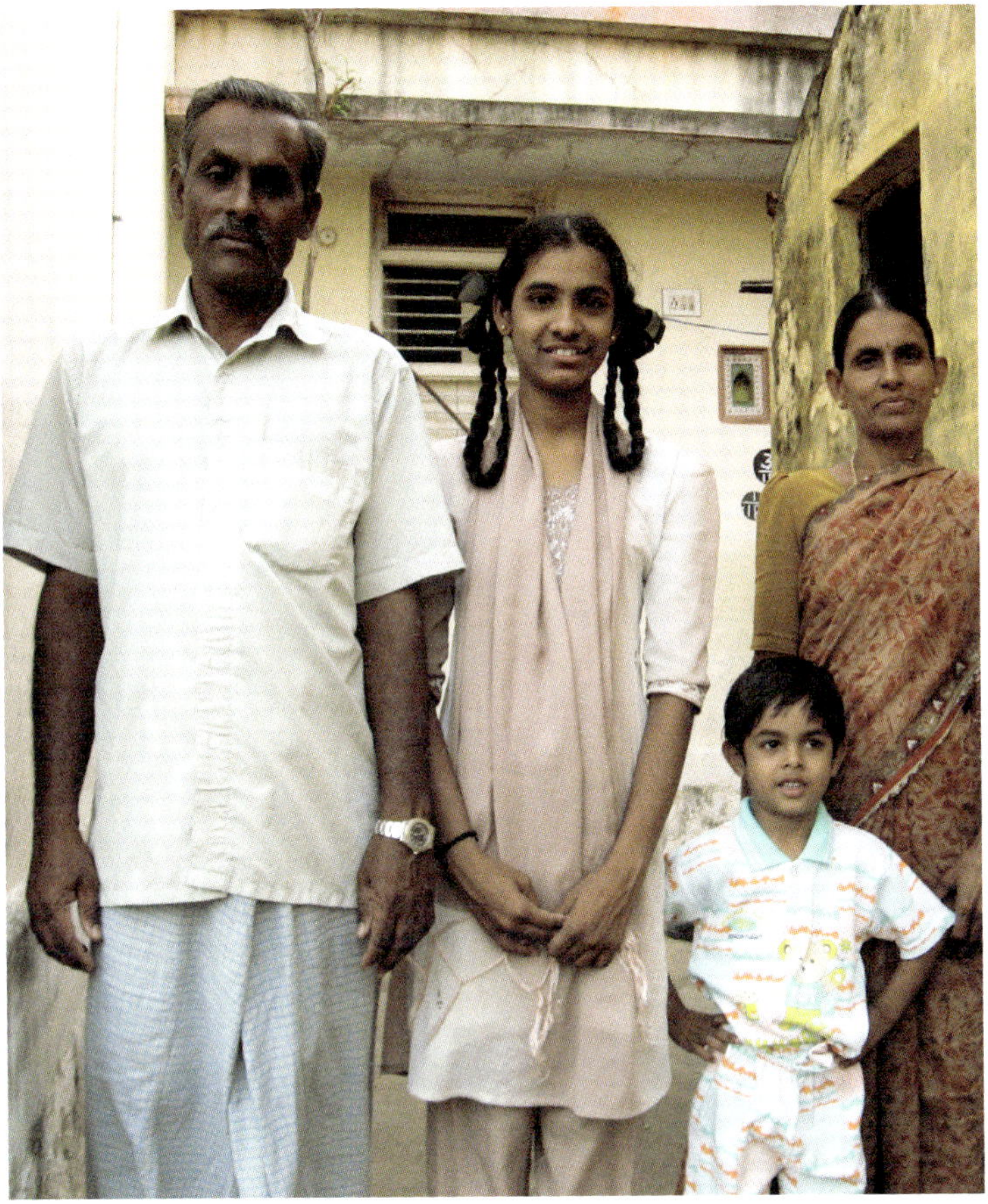
次男一家　娘はバスで英語メディアの中学校へ通っている。次男は、今でも農業への熱意を失っているわけではないが、さすがに年をとってきた。同居していた彼の母は、最近他界された

衛星受信セット　1970年代末に世話になった家主の次男の家の屋上には、仕事用の大型パラボラ・アンテナが設置され（上)、家々に配信する機材も設置されている（下)。ただし、チャンネル数によって契約料金が変わってくるために、実際に配信されるチャンネルはタミル語と英語のものがいくつかとファッション関係のものだけ

5人息子がいればきれいにというか徹底的に5等分される。たとえば土地が8ヶ所に分散していたとしたら、それぞれが5等分される。したがって、5人息子が2世代続くとそれぞれの持ち分は25分の1になってしまう。何とか農業経営を成り立たせるには、誰か1人だけが後を継ぎ、残りは農業離れをするのが理想であり、この兄弟の場合はそれをうまく成し遂げたことになる。

## 村を離れる

ところが、現実は次男にとって甘いものではなかった。暮らしぶりをみても、地味で質素な暮らしである。何をしているかというと、大型のパラボラ・アンテナを屋上に2台設置して衛星放送を受信し、それを村のあちこちの家に配信するというものである。本業の農業の方は、かつての積極的な農業経営への姿勢は確かに家の菜園で育っているグァヴァの木とかライムの木とかバラの花とかにかすかに残っているが、それらは商売になるようなものではなく、実際甘くなった果実は、猿が来て全部食べてしまう。かつて、10頭以上飼っていた牛も、今は乳牛2頭だけとなった。労働者が簡単に得られず、また、そのコストは従来の数倍になっている。たとえば、かつて地主側が全ての経費を負担し、小作側が労働だけを提供するというような小作契約の場合、小作側の取り分は全収量の6分の1であった。今は4分の1が普通で、さらに3分の1を要求している。

それでも、次男が父親から受け継いだ土地を自由に売買できれば、まだ見込みはある。しかし、そうしたことは他の兄弟が許さない。何せ、先祖代々の土地である。しかも、近年、ティルチの町が大きくなり、チェンナイとの間の国道が整備され始めたせいもあり、急速に村の土地の値段が上がってきている。次男が農業を継いだのだから彼が村の土地を全部貰って、経済状態があまりよくないのなら土地を売ればよいのではないかと私が話をしたとき、そんなことはとんでもない、という表情を3男は見せた。

次男にはまだ幼い1人息子がいるが、彼が村で農業で生きていくことはできないであろう。何とか村を出て、ティルチの町かどこか別の国でもよいから職を見つけて生きるという将来である。そのためには何が必要かと言えば、一にも二にも教育である。できれば、より可能性の広がる英語メディアの学校へ通わせよう。

次男と同様の状況にあるレッディヤーは少なくない。それは、遅かれ早かれ、他のカーストの農業従事者にとっても直面しなければならない状況であるが。ともあれ、そうした境遇にある村人たちは、共通の行動をとってきた。ティルチの町にあるレベルの高い学校に子どもを通わせるために、家族全員が村を離れるのである。ティルチの町の学校は、バスで通うには遠すぎるからである。とは言っても、ティルチに移り住んだのでは、今度は村で農業経営を続けるには遠すぎる。

ティルチの町　上は、ティルチでカーヴェーリ河から分岐した流水調整用の河川コラルーン河の対岸に、シュリランガム寺院をのぞむ

建設進む国道　幹線であっても片側一車線しかない状態が長く続いていたが、ようやくインド各地で二車線化が急ピッチで進む。交通インフラが整備され、物流が大きく改善されることが期待される

兄弟たちが建築したマンション　4階建ての1階は駐車場で、上に3LDKが2ユニットずつある。うち、1ユニットずつを長男、3男、5男が入手、隣の敷地をアメリカに住む4男が確保した

若き日の長男一家　村から車で2～3時間の距離の町で碍子（がいし）工場を営み、村には時たましか帰ってこない。他の兄弟と共に、ティルチの町に土地を購入し、写真上のマンションを建築した

そこで、何人もの村人たちはどうしたかというと、ティルチの町へ行く途中にある土地に移り住み、子どもは町の学校へ、自分は村の農地へというやり方をとったのだ。こうして、村出身の少なからぬ人数が、現在、途中の町に住むことになった。ちなみに、こうした共通の需要を見越して、ティルチから村々への道沿いには十指に余る大きなカレッジが立ち並ぶようになっているし、またティルチへの中間地域での建設ブームが現在も続いている。ティルチの町自体が、外へ外へと広がっている大きな要因である。

## 非農業部門への進出

村の中の状況に戻ろう。同様な事例が過去に積み重ねられてきたために、村で最上位の位置にあったレッディヤーはどんどん土地所有の比率を下げてきた。このことは、他のカーストが土地をどんどん増やしていることの裏返しでもある。ではなぜ、農業が儲からないにもかかわらず、他のカーストは経営を拡大してきたのか。これには幾つかの理由があげられるが、重要なのは、

布地を売る　看板はタミル文字。近年の消費ブームは、車やバイク、エアコンや冷蔵庫などの家電に及んでいるが、店の数として圧倒的に多く見られるのはサリーなどの布地を売る店である。南インドでは、成人女性の日常生活の全般にわたってサリーが用いられているが、写真のティルチの布地屋のショーウィンドー左端に飾られているように、パンジャービーという北インドの服が若い女性を中心にして広まっている。短めのワンピースとパンツのツーピースという活動的な服である

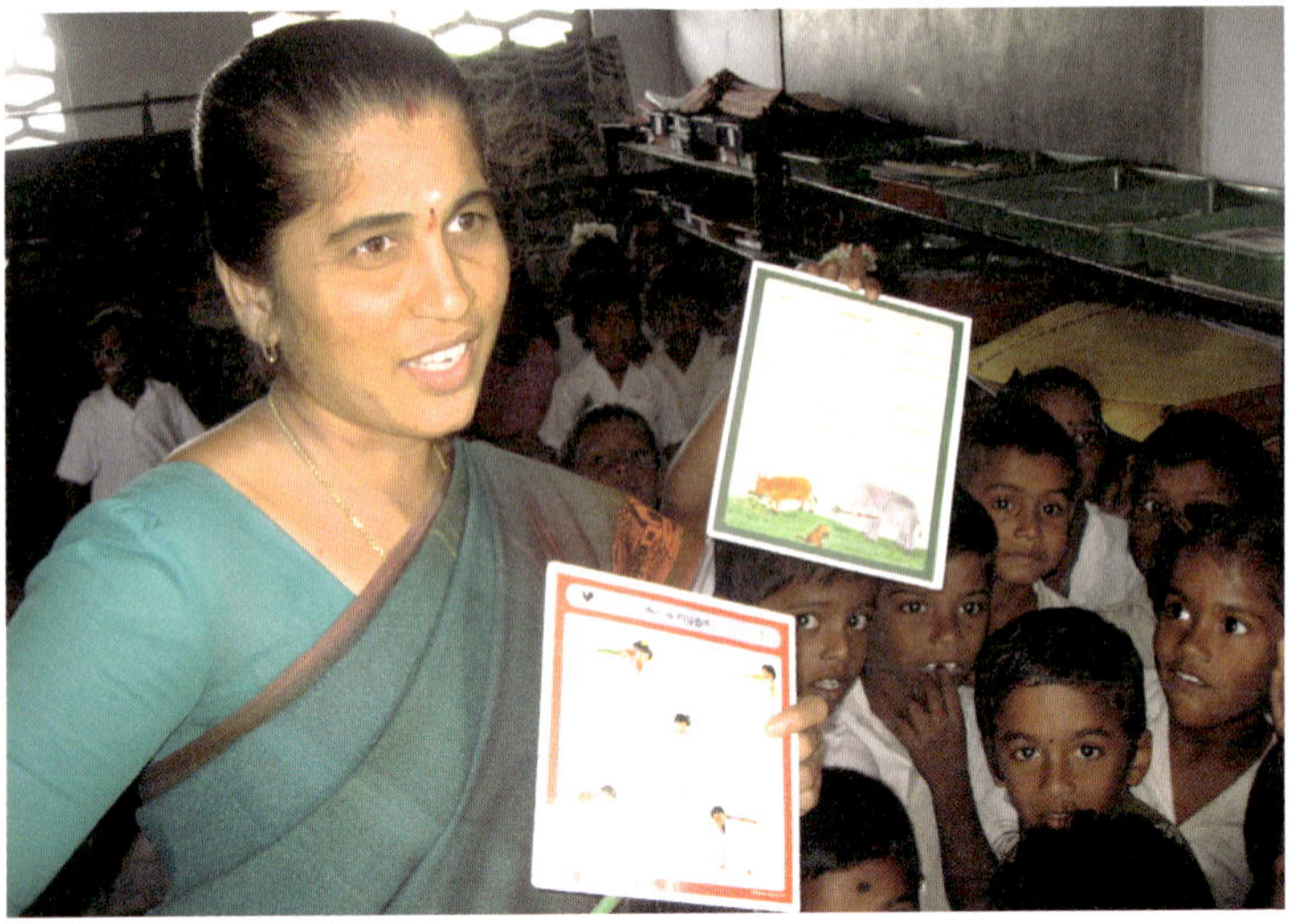

小学校　子どもたちには教科書や石盤などの教材が配られる。インドは、植民地時代から初等教育は義務教育でなかったが、2002年から憲法で義務づけられるようになった。しかし、実際の運営は州政府の役割が大きく、州によりマチマチである。タミルナード州は、昼食が無料支給となったこともあって、就学率も識字率も他州と比べて高い。村には、不可触民の子どもたちが通う学校とそうでないもののふたつがある

制服姿の女学生たち　母語の抑揚を感じさせる、早口の達者な英語で屈託なく話しかけてくる、チェンナイからマハーバリプラムの史跡見学にきた、見るからに育ちのよさそうな中学生

非農業部門への進出が極めて難しかったこと、したがって、農業に将来を見出さざるをえなかったことである。

上位カーストは、早い時期から村を出て町に進出してきた。いわば、町で生きるノウハウとネットワークをもっていた。それに対して、低カーストはそうしたものをもっていなかった。今でこそ大学を出て優秀さを示せば就職先が見つかるものの、80年代までは大学出の失業者がごろごろしていた。そんな見込みのない将来の前で、子どもに教育を施して将来を託すよりは、山羊でも飼わせ、しっかりと農業経営を拡大した方がはるかに安全であった。かつてのカースト別の就学率を見ると、高いのはレッディヤーで、羊飼いのガウンダーの場合はドロップアウトが圧倒的であった。また、何せ子どもの数が多い。子どもたちは基本的には稼ぎ手とみなされ、学校に行かないのであるから労働力不足というような問題はなかった。

## 上昇する不可触民

不可触民の場合はどうか。彼らは80年代初めの段階で村の土地の2割近くを所有するまでになっていた。現在は未確認だが、印象としてはさらに所有地を増やしているように見える。子どもが多く、労働力不足というようなことはない。他方、他の低カーストと比較すると、就学率が高かった。不可触民の場合には、当時からいわゆるクォータ制（留保制）のような進学・就職の優遇措置がとられていた。中学卒業資格が得られてその上の学校まで進むことができれば、有利な将来を選ぶことができた。実際にも、村で最も安定した現金収入が得られる学校の先生の職に、不可触民出身の4人の先生がいた。彼らは、その収入を積極的に土地獲得に向けていた。

このような幾つかのカーストの動きが、結果としてカースト別の土地所有比率の平均化を生み、19世紀後半までの状況とは全く異なる村落構造ができあがってきたのである。

かつて、不可触民は上位カーストの家に仕事を求めてやってきた。今は、上位カーストの者が不可触民の居住区に労働者を求めて日参する。彼らの家々は大きくなり、道路も整備された。村には不可触民のみが通う小学校が1校あるが、そこに通う子どもたちの着ている服も表情も格段と明るいものとなっている。もちろん、農業経営の厳しさはカーストに関わらず直面していることではあるが、下位カーストの多くにとっては、以前の隷属状態に比べればはるかに充実した現在であることは間違いない。彼らもまたさらに生活条件を上げていき、次の、あるいはその次の世代になれば、上位カーストが経験してきたのと同様な土地の相続問題、農業後継者問題、農外部門への就職問題に直面するだろう。結果として、貧乏くじである農業部門に取り残されていくとも言えないわけではない。しかし、大きな着実な変化が進行していることだけは確かである。

# 消えてしまった

## ミッショナリー

ちょっと休憩し、村を離れ、涼しい高原の町へと場所を移すことにしよう。

インドには、古くからクリスチャンが存在してきた。最も古いのは、紀元後の早い時期にマラバル、現在のケーララにわたってきたとされるクリスチャンで、教会の典礼がシリア語でなされていることからシリアン・クリスチャンと呼ばれる。次にやってきたのは、聖トーマスを追い、商業的利益と十字架の両方を旗印に掲げた15世紀末以来のポルトガル人である。しかし、ミッショナリーによる布教活動が本格化し、クリスチャンの数が急増するようになったのは、イギリスやフランスなどの植民地港市《こうし》が発展を遂げた17～18世紀からのことである。

布教に訪れたミッショナリーは、当然のことながら、インド社会の宗教的エリートであるバラモンから激しい抵抗を受けた。インドから仏教を追い出し、イスラームの普及をかなりの所で食い止めた彼らの底力は並大抵のものではない。

フランス東インド会社の南インドでの根拠地ポンディチェリでは、18世紀には既にヒンドゥー寺院とキリスト教会が接して並んでいた。ちなみに、インドの重要なヒンドゥー寺院や巡礼地に行けば直ちに気がつくことであるが、必ずそのすぐ側にキリスト教会が建っている。見ようによれば異なる宗教の共存であるが、実際にはかなりどろどろした、異なる宗教の対立関係の象徴である。ともあれ、このポンディチェリのヒンドゥー寺院とキリスト教会との間でしょっちゅうトラブルが生じたことが当時の記録に残されている。その大半は、汚物を敷地に投げ入れたのどうのという嫌がらせの類《たぐい》ではあったが。

18世紀末から南インドに数十年にわたって滞在したミッショナリーの一員であるデュボアは、バラモンたちと宗教問答を続け、最後にはバラモンやインド社会を扱《こ》き下ろした長編の記録を書き残し、後にヨーロッパに戻って高い地位に就いている。それほど甘い関係ではなかったのだ。

バラモンの激しい抵抗にあったミッショナリーは、改宗の対象を、高位のヒンドゥーではなく、ヒンドゥー社会でもっとも虐げられた存在の不可触民においた。そもそも神の前での平等を謳ってはいたものの、改宗した元ヒンドゥー教徒たちが神となったわけではないから、差別意識は持ち続けたままだ。教会の同じ空間で不可触民からの改宗者と共に祈りを捧げることさえ忌避《きひ》し、18世紀のキリスト教会には、中央に間仕切りの壁が立てられていたくらいである。こうした事情から、改宗のターゲットは不可触民となり、高位カーストからの改宗者は、ごく一部の初期の改宗者しかいない。

## ゲスト・ハウス

不可触民と並んで重要な改宗の対象になったのは、山地や高原の部族民である。神に仕えるからと言ってもやはりミッショナリーも神ではなく人の子であり、真夏のインドでは体がもたず、高原にも活動の拠点をおけば一石二鳥となる。また、インドの高原は、19世紀からコーヒーや茶のプランテーションの開発地となってきた。プランテーションとは、基本的に資金と作物と労働力を開発地にプラントする(植え付ける)ものである。資金やノウハウや経営者が、ロンドンのシティー(金融街)を中心としたヨーロッパ世界から来るのであるから、そこはヨーロッパの人々にとってまさに自分たちの思い通りの世界であり、別の言い方をするならば、植民地気分を満喫できる世界である。ミッショナリーがそこに集まってきたとしても、さして不思議なことではない。私が、炎熱のチェンナイを抜け出して転がり込んだのも、そうしたミッショナリーの人たちが夏の猛暑を避けるために滞在するゲスト・ハウスのひとつであった。

コタギリというニールギリ高原(14ページの地図参照)の一角にあるこの小さなゲスト・ハウスの1日は、全てベルで仕切られている。ゲスト・ハウスの運営を任されているスコットランド人神父の大柄な奥さんが、8時の朝食、10時のティー、12時の昼食、3時のティー、6時の食事の時間にベルをかき鳴らし、皆を集める。何をしていようが、お腹が一杯だろうが、とにかく食堂か、

ティルチの教会　18世紀から盛んにミッショナリーの活動が見られた。キリスト教会は、ヒンドゥー寺院のすぐ側に建てられることが多く、ヒンドゥー寺院の建つロック・フォート（左ページ）の目の前に立つ。ロック・フォートを西側から見上げた写真は117ページ

ティーの時間であれば庭先に集合し、ゆっくりと時間を過ごさせる。何せ、あたりは見渡すばかりのよく手入れの行き届いた高原の茶園だ。気分のよいことこのうえない。

## リパトリエイト

現在に至るまで、何度も行き来し、生涯の友人となったドイツ人の人類学者で、現在はミュンヘン大学で映像人類学の教授をしているフランクさんと意気投合したのもその時だ。彼は、元々ドイツからスリランカに援助協力をしている団体で働き、そのままスリランカン・リパトリエイト（「スリランカからの帰還者」）を対象にした研究を志して南インドにやってきていた。ちなみに、ドイツでは大学は授業料が無料であり、一度社会に出てから大学院に登録して博士号取得を目指す学生が非常に多いらしい。人類学科などは、何百人もの学生を抱えているという。

さて、リパトリエイトであるが、これは19世紀以降南インドからスリランカの主にプランテーションへ労働者として移民し、両国の独立後、市民権を与えるかどうかの問題で、結局国から掃き捨てられた人々である。スリランカから送還され、母国の故郷へ戻った彼らも、戻った村に落ち着くところはなかった。その大半は、その後続々と慣れ親しんだ高原のプランテーションを目指して移動してきていた。

私とフランクさんは、早速共同で、これらの人々を対象とした調査を始めることにした。与え

ゲスト・ハウス　各地で布教に励む関係者たちは夏の間、ニールギリ高原に建つミッショナリーのゲスト・ハウスで過ごす。山間に住む部族なども有力な改宗対象であり、多くがキリスト教徒となった

霧のかかる高原の茶園　紅茶は１日の寒暖の差が大きく、強い日射があり、霧が覆うような土地で品質の良いものがとれる。ニールギリ高原は、ダージリンやアッサムと並ぶ有数の紅茶生産地

られた環境でできることをせよというのが、亡くなられた原先生の教えである。この調査の結果に関しては、既にインドから出ている地理学会誌で発表しているのでここでは省略するが、簡単に言えば、プランテーションで働く人々が、どのような村々からどのような経緯で移動してきたかを数千人単位で調べるというものである。というのは、人が移動しようとするとき、人を押し出す要因と引き寄せる要因、学術的にはプッシュ・ファクターとプル・ファクターというもののうち、どちらが強く作用するかという議論があり、それを具体的に確認したかったからである。もちろん、結果は後者であったが、ともあれ、バイクを駆使して幾つかのプランテーションを訪れ、事務所で記録を探し、人々にインタヴューを試みるという毎日が続いた。

この80年代半ば頃のリパトリエイトの生活はひどいものであった。まず、続々とリパトリエイトが労働市場に参入してくるのであるから、絶対的な労働力過剰である。インドは労働運動が強いので、正規雇用の労働者の権利は強いが、リパトリエイトが正式に雇用されることはなく、全て日雇いである。彼らがどのようにその日の仕事を見つけるかというと、何ヶ所かにある広場に朝集まる、すると、労働者が必要なプランテーションがトラックを送り込み、その日の条件を言って数十人の労働者を荷台に乗せていく、という具合である。日本でもそのような場所が存在することが知られているが、同様な光景である。

ではリパトリエイトの住んでいるところはどういう場所かというと、ひとつは川筋というか谷筋、もうひとつは尾根で水が入手できるところ、いずれも道路沿いであることは共通である。ではどのような住居かというと、これはまさに創意と工夫が入り交じったものであり、壁は何とか石や岩を積み上げて作るのであるが、屋根はというと、清涼飲料水などの金属製の空き缶をきれいに長方形につぶし、それを屋根瓦代わりにして雨をしのぐというものである。それらの屋根はとてもカラフルでそれなりにパンクではあるが、それが道路の下の谷筋に延々と続くのであるから、壮絶な光景という表現の方が向いているかもしれない。

## 寒空に震える3時間

この高原で出会った1組の印象深い夫婦は、ゲスト・ハウスの隣に住むコタワラ夫妻である。ものすごいお喋りの奥さんが圧倒的な存在感を示すこの夫妻であるが、元々はボンベイ(現ムンバイ)の出身のゾロアスター教徒である。先祖はイラン出身であるから、2人とも大変に色が白い。コタワラ氏の方は、小さな規模のコーヒー・プランテーションの所有者兼経営者である。

この彼が、ある晩語ってくれた話は、その後現在に至るまで記憶に残っている。それはインドの独立前、彼がまだイギリス人のマネージャーの下で、副マネージャーとして働いていたときのことであった。当時のプランテーションは、ヨーロッパ人マネージャーたちが独占しており、それらマネージャーたちや家族は、夜は毎日のように誰かの家に集まってパーティーを開いていた

リパトリエイトが住む小屋　空き缶は平らにつぶされて板状にされ、カラフルでパンクな屋根となる。しかし、それだけでは雨が漏るので、その上をビニールで覆う。そのため、写真では空き缶が見えないのが残念だ

消えてしまった

茶園の労働者たち　19世紀以降、南インドからスリランカの茶園プランテーションに移住し、両国の独立後、スリランカから送還された人々は、村には戻れず、高原のプランテーション地域に移動した。朝の広場では、プランテーションの条件に合った労働者をトラックの荷台に乗せる

コタワラ夫妻　ゲスト・ハウスの隣に住んでいたゾロアスター教徒で、小さなコーヒー・プランテーションの所有者兼経営者。もう数十年もお目にかかっていないが、息子はIT技術者になり、ご本人たちもいたって元気とのことである

茶園と製茶工場　上は、インド人労働者が働くマレーシア半島部キャメロン高原の最奥部にある碧（あお）い谷。大きな建物は製茶工場。摘み取った茶葉の重量で賃金が決まる。計量した茶（中左）は、乾燥場まで運ばれ（中右）、ロータリー式の機械で30分ほどゆっくりとかき混ぜて発酵させる（右）

らしい。

ある晩、マネージャーに告げないといけない急用ができ、コタワラ氏は山の闇の中をパーティーに出かけたマネージャーに会いに向かった。しかし、彼は、会場の外の凍える空の下で3時間も待たされることになった。圧倒的な白人社会の空間に、インド人の彼が姿を現すことは許されることではなかったのだ。マネージャーと副マネージャーの間には、人種にしても階級にしても鉄の壁があり、その壁をインド人が超えることは想像もしえないことであった。

## 閉鎖

ある日、足繁《あししげ》く通い、労働者たちとのインタヴューをこなしていたロブ茶園へと出かけた。ところが、いつもと何か様子が異なる。変だ変だと思いながら労働者の家に向かうと、たちまち労働者たちに囲まれてしまった。興奮して話をするのでわけがわからないのだが、どうもこの茶園、突然閉鎖されてしまったらしい。事務所に向かい、マネージャーに尋ねると、その通りだという。一体、何が起きてしまったのか。

落ち着いて考えれば、閉鎖の理由は簡単であった。茶園を解体して売却してしまえば、現在の正規労働者は首にできる。日雇い労働者は有り余っている。閉鎖は労働コストを下げる最適の手段である。労働紛争に悩まされる進出企業もよく使う手であると聞いている。また、茶園を幾つかに分けて売却すれば、高い値で売ることもできる。こうして経営側にとっては全てがプラスの閉鎖であったが、私を取り囲んだ労働者たちはそうはいかない。彼らが、自分たちの出口を見出すことができたのかどうか、その後しばらくして茶園を離れた私は知ることができないままである。

## 碧い谷

私が調査をした茶園で、もうひとつ閉鎖された茶園がある。だからといって、私が疫病神であるかのようには思わないで欲しいが……。

それは、80年代の初めに3ヶ月ほど調査したマレーシアの高原にある「碧《あお》い谷」という美しい名前の茶園である。折りからのシク教徒の分離運動をめぐる紛争のあおりを受けて、緑の革命の一大拠点であるインドのパンジャーブでの調査許可がおりなかった私は、ロンドンからインドを飛び越えてマレーシアへ渡り、キャメロン高原（175ページの地図参照）の奥の茶園へと動いていた。

なぜキャメロン高原へ――現在は、定年を迎えた多くの日本人の方々が、老後を明るい高原で、または明るい老後を高原で過ごそうと生活されていることで日本でもよく知られている――向かったかは、そこに多くのインド人が茶園労働者として働いていたからである。

マレー半島では、19世紀半ばにラルット（現在のタイピン）で錫鉱《すず》床が新たに発見されたことから錫の開発が急速に進み、多くの中国人労働者が主に福建や広東、潮州などの南中国から流れ込んできた。ラルットの中国人の錫関係者の数が、１８４８年の段階でわずか３人に過ぎなかったのが、１８７２年には4万人を超えたのだから、その流入の有様はすさまじかったに違いない。

彼ら中国人が流れ込んできた先は、アメリカの西部劇の舞台を想像すればわかるように、すさんだ男たちの世界であり、酒と女、それに加えて麻薬と秘密結社が入り乱れた空間であった。イギリスは、１８７０年代から、それまでのペナン、マラッカ、シンガポールという港町からなる海峡植民地では飽きたらず、内陸の開発を目指して植民地支配領域を拡大したが、中国人が暗躍する錫産業にはなかなか手を出すことができなかった。それに代わって目を付けたのがプランテーション開発だった。

プランテーションというのは、コーヒーやサトウキビ、バナナなど、世界的な市場をもつ農作物を広大な領域にプラントする（植え付ける）ものである。現在でも、世界のあちこちの山やジャングルで医薬品の原料をはじめとする有用植物を探し求める企業が数多いが、ヨーロッパとアジアが本格的に連関し、ヨーロッパの支配がアジアに及ぶようになる18世紀から19世紀にかけては一攫千金を夢み、妙に博物学的な知識を持ち合わせた多くのヨーロッパ人がアジアを徘徊している。発見された植物が、大きな可能性をもつということがわかると、それを大規模に栽培して市場を拡大していく。プランテーションの登場である。

秘密結社　結社に入るには、入門式をはじめ、多くの規則、学ぶべき事柄がある。たとえば、指で作る形によって、相手が同じ結社の者かそれとも敵か、自分より地位が上か下かも知ることができる。*TRIAD SOCIETIES IN HONG KONG* by W. P. MORGAN, 1960より

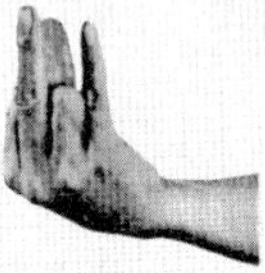

Leader, 489 & 438 Officials.

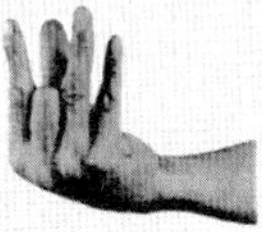

426 Official.

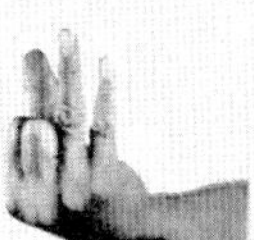

415 Official.

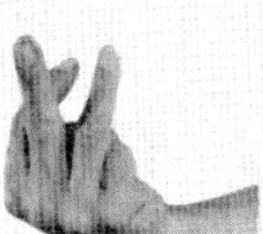

432 Official.

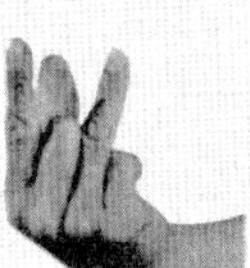

49 Member.

The Recruiting Banner

ゴム樹液の採取　ゴムの液ラテックスは、その色からミルクとも呼ばれる。幹の皮を削いだ浅い切り口(上)を伝わって容器に流れ出てきたものを、朝早く出かけて収集する。気温が上がると固まってしまう

ゴム林　世界商品であるゴムは、生育に５～６年はかかる。世界の市況の影響をじかに受けるため、値動きが大きく、景気の良いときには活発に採液されるが、そうでないと放っておかれる。うまく管理すれば30～40年は採液できる

ゴム樹液の搬入とシートへの加工　集めたゴムのミルクを村の小さな加工場へ運び込むインド系労働者（上）。ミルクは薬品を加えて少しずつ凝固させ、ローラーで伸ばして四角いゴムシートにする（下）

マラッカ郊外のタミル語小学校　マレー人、中国人、タミル人などで構成されるマレーシアには、マレー語メディアの国民学校（national school）と、中国語あるいはタミル語メディアの国民型学校（national-type school）のふたつのタイプがある。

左上はゴム・プランテーションに隣接したタミル語メディアの国民型学校の標識。上からタミル語、マレー語、英語による表記がある。左下は学校内の礼拝所

19世紀までのマレー半島のプランテーション作物としては、初期の中国人プランターによるキャッサバやガンビールを別とすれば、コーヒーとサトウキビがあげられる。しかし、それらが短命に終わったのに対して、20世紀に入って爆発的に拡大していったのはゴムである。その栽培面積が、1905年の3・8万エーカーから1926年の225万エーカーに爆発的に増大したことを知れば、いかにその意味が大きかったかが理解されるだろう。

## インド人労働者を導入

プランテーションでは、土地の開発にせよ、労働力の調達にせよ、規模が大きければ大きいほど効率がよくなるということもあって、その経営には莫大な資金が必要であった。ゴムの場合、生育に5年以上の期間が必要であり、投資の回収に時間がかかるため、なおさら充分な資金的余裕が不可欠で、中国人がそれに参入することは難しかった。他方、ヨーロッパのプランターたちは、ヨーロッパ（特にロンドンのシティー）で資金を調達することができたし、また多くのゴム栽培会社がイギリスで設立されたことにより、マレー半島のゴム開発が一気に進んだのである。

他方、労働者はどうかというと、現地では調達できなかった。現地住民にとってみれば、それまで生きてきた空間があるのだから、何も誰かに雇われて生きる必要はない。従来の生活環境が無理矢理奪われ、プランテーションでしか生きていけない環境が作り出されれば確かに彼らも働くようになるかもしれないが、それにはかなりの摩擦が生ずる。経営側にしても、そうした現地住民を雇うことは経済効率が悪い。ということで、結局は、イギリスが既に18世紀末から支配を開始していた南インドから労働者が連れてこられることになった。

順調に見えたゴム開発も、しかし第1次世界大戦を経て雲行きが悪くなり、大恐慌はそうした状況を一気に悪化させた。植民地政府は、25万人という大量のインド人移民を本国に送還し、あるいは新たにマレー半島へ入ってくる移民を制限するようになった。その場合、例外的に制限されなかったのが、1930年代に開発が始まった高原での茶プランテーションへの移民であった。ちなみに、現在ゴムと並んでマレー半島の多くの地域を覆っているアブラヤシ(オイルパーム)は、ゴム不況により国際的な生産制限が課されるようになった1917年に初めて商業的生産が始まる新しい作物であり、1960年代に爆発的に拡大し始めたものである。

話が長くなったが、碧い谷は、こうした経緯でインド人労働者が導入されて開発されることになった高原の茶園のひとつであった。

## 別の出口

この碧い谷での調査内容や生活体験については、マレーシアに関する論文や別の著で書いたことがあるのでここでは省略するが、要はこの茶園も、私が滞在して数年後に再び訪れたときに潰

アブラヤシの収穫　長い鎌で葉柄を落とし、アブラヤシの実を収穫する。ゴムとならぶプランテーション作物。パームオイルの原料となるものであり、現在ではゴムに勝るとも劣らない重要な作物である

収穫されたアブラヤシ　上は集荷されたアブラヤシ、上右は実のアップ。中右はアブラヤシを運ぶトラック。収穫後24時間以内に採油工場に運ばなければならないので、プランテーション内には広い道路が完備されている。中左はアブラヤシの採油工場、左はクアラ・ルンプール空港近くの一面に広がるアブラヤシのプランテーション。石油価格が高騰したときにはバイオ・エタノールへの利用が喧伝（けんでん）された

菜園　碧い谷では労働者が自分たちで経営を始めたが暗礁に乗り上げた。彼らの多くはプランテーションの労働者住宅を離れ、周囲のジャングルを開墾していた。熱帯低地では栽培できないダイコンやナス（上、インド原産のナスが地中海を経由して英国に伝播したとき、白いナスだったことの連想で、ナスの英語名はエッグプラント）、トマト（左）やレタスなどの高原野菜を栽培し、クアラ・ルンプールやシンガポールなどに出荷する

れていたのである。ただし、潰れた事情はちょっと異なる。

イギリスの植民地となっていたマレー半島は、1957年にマラヤ連邦として独立した。この独立によって多くのヨーロッパ人が去るなかで、産業の基幹であるプランテーションの経営や労働者をどのようにするかが問題となったが、その帰結は労働者の多くを占めたインド人にとっても極めて大きな問題であった。そうした動きの中で、インド人の1人の政治家が、幾つかのプランテーションを協同組合方式で入手して運営することを提唱し、それを実現させた。碧い谷は、そうして獲得されたプランテーションのひとつであった。

碧い谷の所有は、こうしてインド人の協同組合に移ったのであるが、経営、つまり生産、品質管理、営業については、他の国際的な商品作物の場合と同様に、ヨーロッパの経営代理会社がそのまま引き継いだ。年に数度、経営代理人が茶園を訪れ、茶園の各部の動きに目を配り、経営に反映させるというものである。

私がインドに向かってしばらくしてから、この碧い谷に新たな動きが生じた。労働者たちが、自分たちで経営を始めたというのである。しかし、この経営はすぐに暗礁に乗り上げてしまった。これらの労働者たちには、生産から販売に至る経営のノウハウが蓄積されていなかったからである。経営破綻《はたん》したこの茶園では、結局、茶の生産は続けることになったものの、生産された茶葉は隣接の別の製茶工場にそのまま搬入され、労働者たちは単なる労働者の地位へと舞い戻ったのである。

幸いなことに、このマレーシアの茶園のインド人労働者の場合、別の出口があった。それは、茶園の周りの山地を開発し、菜園にして、高原野菜をペナンやクアラ・ルンプール、シンガポールなどに送り込むという出口である。山地の開発自体は、賄賂を払うことによってのみ可能な違法行為であったが、良きにつけ悪しきにつけ、何とか自力で生きていこうとする才覚とノウハウを持っていたのだ。

しかし、このような出口が、マレーシアのインド人プランテーション労働者の全てに用意されているわけではない。マレーシアの国家建設と国民統合政策の中で、常にマイノリティーとしての立場におかれているインド人の多くは、その出口を見出せないままでいる。

# 出口はどこ

## 大学卒

出口の有無という問題は、人の人生にもあてはまる。特に人生の方向の大半が決まる10代末とか20代初めがそうであろう。しかし、その出口が生まれながらに定められていたり、あるいはいつまで経っても見つからなかったりするのもまた人生であろう。

1982年のマングディ村の調査の助手を務めてくれたラージャ君に再会したのは、確か調査の2年後であったと思う。チェンナイに1年以上滞在することになった私が、久し振りにティルチの町に出かけ、彼との再会を果たしたのである。

ラージャ君は、私の研究の助手をするということで村にやってきたとき、大学院の修士卒とのふれこみであった。それが本当かどうか確認しなかったし、今でも確認はしていない。とにかく、線の細い、神経質な、しかしまじめな青年であった。

再会したとき、ラージャ君はティルチの町の小さなホテルの薄暗い1室にいた。やってきた私にびっくりした様子であったが、このホテルで働いているらしい。ボスに頼んで1室を私のため

インド山岳部族民の集落　山岳部族民は、平地からは隔絶された場所に伝統的な住まいで生活し（右ページ）、独自の慣習をもつ。上は穀物貯蔵用の倉。下は著者（前列、白い帽子）と連れの一行。運んでいるバケツは、弁当となるマトンカレー。しばらく菜食をしていた著者は、肉の匂いの強さで、あまり食べることができなかった。山岳部や丘陵部に暮らす人々の多くは、憲法で特定の保護の対象として指定されていることから、指定部族と呼ばれる

に用意してくれた。だが、どうみてもあまりぱっとした雰囲気ではない。もう1人の助手のアンバラハン君が、その後村長職についたのと比べて、あまり順調な人生を歩んでいるようには見えなかった。

チェンナイで暮らしていたとき、人類学を志す学生のペルマル君がよくやってきた。いつも夕イミング良く夕食時にである。どこにも就職先がないのだ。

80年代初めのインドは、大学卒の買い手市場であり、大学を出ても職がなく、学生の間には失業と不満があふれていた。指定カーストとか指定部族として憲法で指定された不可触民や部族民に対して優遇措置をとる政策に対して、それに反対する上位カーストの学生が焼身自殺を図る事件があったのは、下位カースト優遇策をさらに進めようという施策が実施されることとなった90年代初頭であるが、その根は既に80年代にはしっかりと張っていたのだ。また、村の上位カーストで、いわゆる後進カーストでも指定カーストでもないレッディヤーの若者たちが、指定部族の中で同名のレッディヤーという山地の指定部族民がいたことから、賄賂はもちろん、様々なコネを用いて自らを指定部族として認証してもらい、指定枠で有利な職に就職していったのもこの頃であった。ラージャ君やペルマル君の行き場のない雰囲気は、この時代の、本来はエリートであるべきインドの大学卒が共通して持っていた雰囲気でもあった。

## アミダ型と迷路型

私は、マングディ村の報告書の最後の結論部分で、人生の歩みにはふたつのパターンがあると論じた。一方はアミダ型、他方は迷路型である。アミダ型というのは、人生の出発点で選び取った、あるいは選び取らざるをえなかった定められた進路を、右左折を繰り返しながらもアミダくじのように進まざるをえないというものである。迷路型というのは、人生の中で出会う岐路《きろ》を、それぞれ選択しながら進んでいくものである。

インドの村に生まれてくる子どもたちの人生は、いくらカーストの差や性差や階層差があったとしても、もはやアミダ型であるというほど単純ではなくなっていた。では、迷路型のような自己の選択で人生が決まっていくかというと、そこまでには至っていなかった。私がイメージしたのは、迷路を構成する壁の高さが人の背丈より少し高い程度であり、カーストや教育やその時々の政策などが、その迷路を歩く者の背丈を少し伸ばし、周囲を見渡すことを可能にするというものであった。

このような議論は学問的なものからは程遠く、誰かがまともにとりあってくれるような性格の議論ではないことは重々承知であったが、私は村人たちの人生についてそれ以外の描写方法を考えることができなかったし、今でもその結論は間違っていないと思っている。

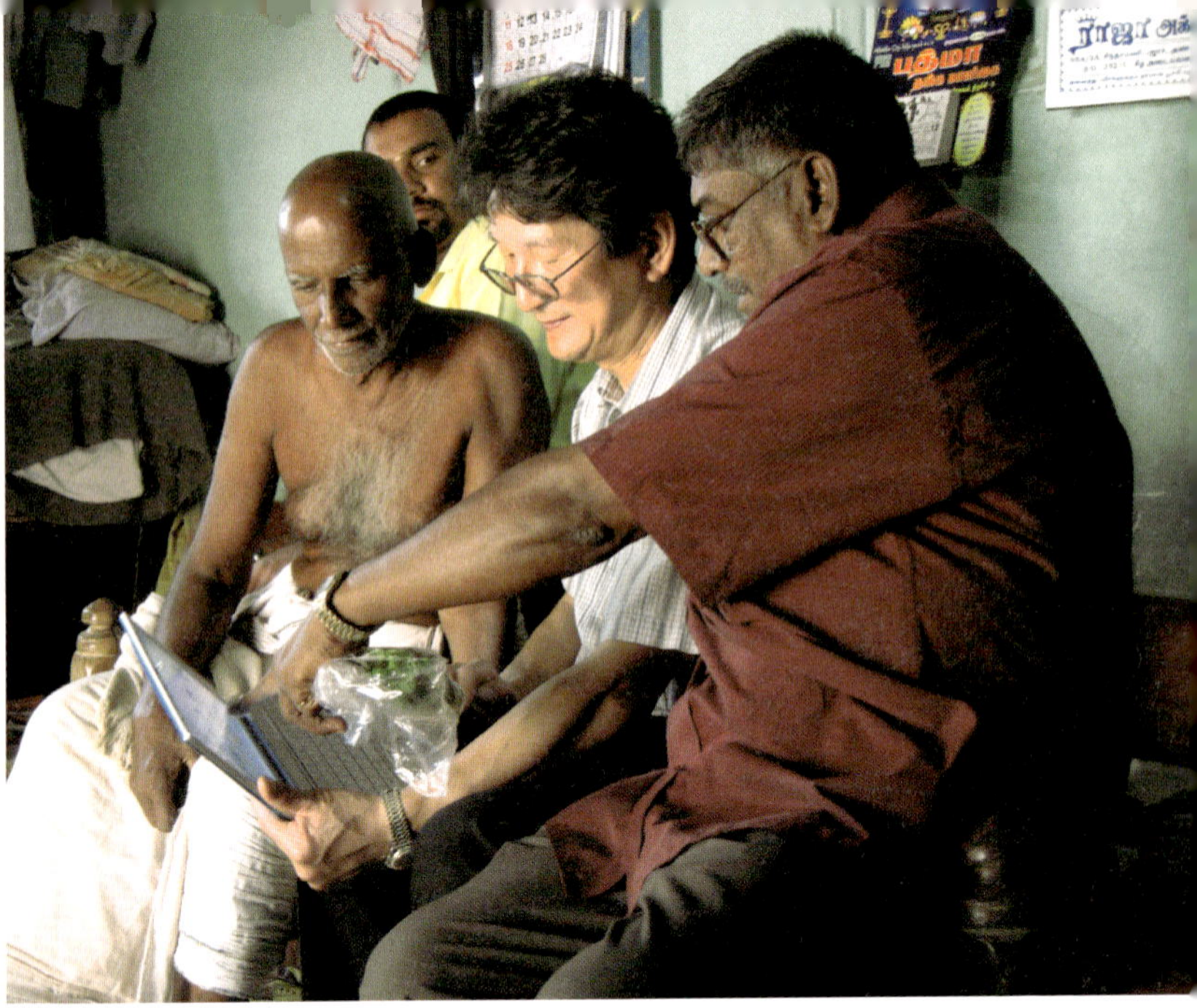

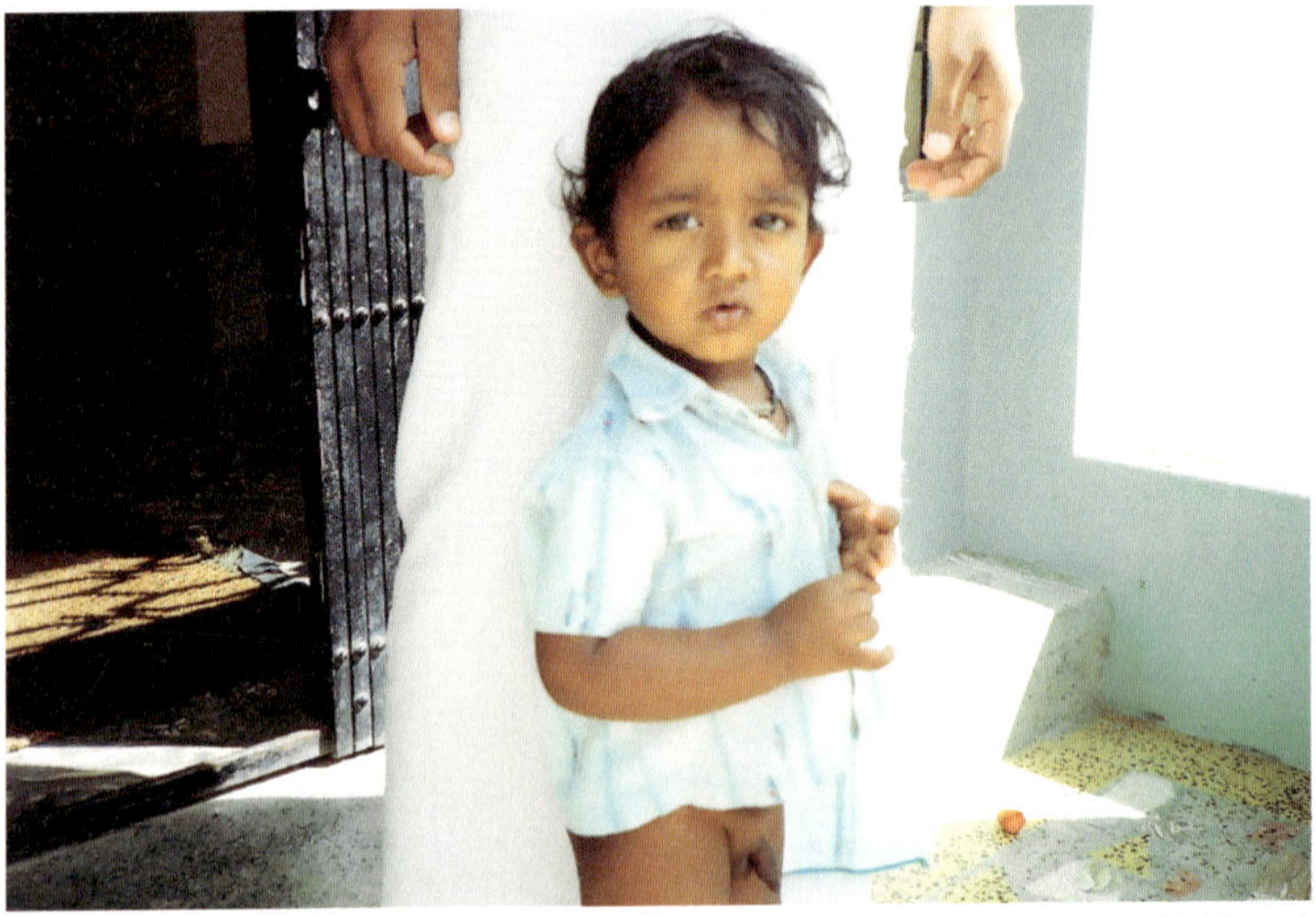

再訪　上は2008年に訪れたマングディ村で、著者（中央）とかつての助手アンバラハン君（右）が、村人に昔の写真を見せている。下の写真は1982年、右は家主の息子で、今はテキサスで就職。左が私の息子と家主の親戚の子。息子は、東京で就職、既に子どもがいる

アーサイタンビーさん一家　一家はチェンナイ（マドラス）に暮らし、典型的な中間層の仲間入りをした。娘は、今では高校生となり、生化学者を目指してエリート校で勉強している。1990年代初め

あの線の細い20代であったラージャ君は、今は株の売買をやって何とか生活しているという。村長になったアンバラハン君は、今はさらにその上の税務調査官となり、国道沿いの土地や村の宅地を買い集めて羽振りがよい。娘の1人は歯医者に、2人目は教師に、3人目は夫と共に中東のアブダビで暮らしている。当時1歳であったマングディ村の家主の息子は、アメリカのテキサスでソフトウェア企業の技術者となっている。今回の調査で借りることになった家主の息子は、日本で9年間暮らしたことのある日本語の堪能な青年となっており、私がかつて撮って贈った写真にしっかりと写っていた。村に滞在することになった私の2人の学生を食事に招いてくれた家の息子は、私が調査した家系図に1歳として記録されていたが、これも日本にわたって4年になる。また、亡くなられた原先生の助手を務めていたアーサイタンビー君は、夫婦で大学教授となり、マドラスで大きな邸宅を構えた。人類学のペルマル君は、今はポンディチェリの大学教授となっている。このような動きの中で、25年前の私の結論が通用するのかどうかを知るには、まだ少し時間がかかるだろう。

## 中間層

家族と共に1年2ヶ月を過ごしたチェンナイの家。ボビリというタミルナード州の北隣りのアーンドラ・プラデーシュ州にあったボビリの藩王が建てたという瀟洒な家。350ccの大型バイク、ロイヤル・エンフィールドのエンジンがかからず、車重130キロを超えるそれをセカンド・ギアに入れて走りながらエンジンがかかるのを手伝ってくれた門番のクップスワミ。怒鳴り散らすボビリ藩王の元夫人の声。補習校で息子がお世話になった日本人会の皆さん。色々な思い出がこもっているその家を再訪しようとした私は、住所からすれば間違いないその通りを歩いても歩いても、自分がどこに住んでいたかを見極めることができない。確かにこのあたりに違いないとは思うものの、あたりの光景は全くといってよいほど変わってしまった。記憶を甦らせる手がかりさえ見あたらない。

チェンナイの町も、すっかり変わった。いや、変わっていない。でも変わった。

91年にインドの経済政策は大きく転換し、いわゆる経済開放政策へと移行した。様々な外資が参入し注目されているのは中間層の成長であり、2億とか3億とか言われるそれら中間層を主体とした消費パターンの目覚ましい変化が起きているという。

確かに、道路は、かつて国民車アンバサダー一色であったが、今では、スズキをはじめとする日本車はもちろん、フォード、ヒュンダイなどの進出企業が生産している多種多様な車で埋め尽くされている。それらの購買層のかなりの部分は、大学卒で夫婦でそれぞれ月に日本円で10万以上を稼ぐ30~40代であるらしい。調査村での農業労働者の日当が100ルピーの時代に、チェンナイの運転手は月に少なくとも6000ルピー、場合によっては9000ルピーを稼いでいた。

それは、ＩＴ産業を中心として、学生の初任給が2万ルピーを超え、彼らの通勤のためにＩＴ会社に雇われる運転手の賃金が上昇したことを反映したものである。チェンナイの近郊では、周囲のものすごいゴミの散乱風景とは対照的に、ＩＴ関係の近代的なビルが立ち並ぶようになり、レストランは自家用車でやってきて食事を楽しむ、いかにも余裕のある若い家族連れでごった返している。

インドの人々は、古くから、天から降ってくるものに対して鋭敏で深い対応をしてきた。インド哲学はもちろん、仏教、ジャイナ教、ヒンドゥー教など、いずれも数千万から数億の信者をもつ宗教などを生みだしてきた。インドは、衛星を打ち上げたのが早く、大型のパラボラ・アンテナが村々に設置され、世界中の電波を村々で受けとめる体制も日本よりはるかに早く整えられた。ＩＴもその意味では天から降ってくる類の技術であり、しかも、たとえばアメリカにいるインド人ＩＴ技術者の7～8割は、かつて哲学や思想を支えたバラモンであるという。変わったと言えば変わったし、変わっていないと言えば確かに変わっていない。でもやはり、今の世代はどうあれ、次の世代の時代には、今からは想像できないようなインドが出現するであろうと私は確信している。

# まとまり

## 家探し

大学の後輩にあたる西君と共に、マレーシアのペラ州のかつての政庁所在地クアラ・カンサルの近くの村々で家探しに出かけたのは、１９８０年代の終わり頃だったろうか。

ペナン、マラッカ、シンガポールというマレー半島を代表する町の影に隠れて一般にはあまり知られていないが、イギリスがこれら三つの港市《こうし》だけからなる海峡植民地の確保だけに飽きたらず、領域的な支配を目指して動き出したペラ州の最初の根拠地となった町である。

なんとか、数ヶ月後に調査に入るための借家を見つけようとしていた私だが、どの村で尋ねても、そんなものはないと断られる。どこかのテレビ番組で田舎の家に1泊するために悪戦苦闘するような内容のものがあったように思うが、そこで宿を求めるタレントたちとは異なり、こちらは村人には何の予備知識もない外国人である。簡単に見つからないのも無理はない。あきらめかけた最後に、村の狭い道路の側にどうみても空き家にしか見えない家を見つけ、懸命に頼み込んで借りることができるようになったジャム村の家に、私はその後数ヶ月を過ごすことになった。

マレー人の村――カンポン――に暮らし始めると、自然とインドの村と比較することになる。何せ、随分と違うのだ。何が違うかというと、まずカンポンの場合、どこからどこまでがどこの村なのかわからない。その後調査の中で入手した土地台帳を見ても、確かに地番に村名が付されているのだが、それを地図に落としてみると、何か全く関係のない村名(?)がひとつかふたつ忽然《こつぜん》と出てくる。また、村の人に聞いても、どのあたりまでがジャム村なのかあまり意識がない。ペラ河を挟んだ対岸もジャム村となっており、家々には小舟があることが多いので、マレー半島の開発が河川を幹線にして進んできたことは良く理解できる。かと言って、河川を挟んだ両岸に何らかのまとまりがあるようにはとても思えない。家並みはと言えば、ペラ河の河川沿いに境目もなくだらだらと続いているのだから、少なくとも空間的に見れば、まとまりなどないのだ。

このようなカンポンのあり方は、村域の中心に塊村状に家屋が集中し、しかもその居住地の空間がカーストによって截然《せつぜん》と仕切られている南インドの村々(84、85ページの地図参照)とは全く異なる。カンポンというのは、そもそも朝晩のイスラームの祈りの呼びかけが聞こえる範囲であるという観念があったらしい。であれば、端へいけばいくほど境界がぼんやりとしてきて当然である。インドの村落空間が、カースト的世界観、浄・不浄的世界観をくっきりと表現しているのとは対照的である。

次の大きな違いは、情報の集中、拡散が遅いのだ。たとえば、カンポンに暮らすようになって

1～2ヶ月を経ても、村で調査を始めている私の情報が伝わっていない。かつて日本軍がクアラ・カンサルに駐屯したこともあって、必ずしも日本人の評判はよいわけではなく、したがって村に入っての初めの数週間は聞き取りなどおこなわず、ひたすら自転車に乗ってにこにこしながら挨拶をして回るのが日課であった。しかし、それを過ぎて実際に調査のために全ての家々を訪問し始めても、私が日本人でこの村に暮らしているということに気付いていない場合が少なくなかった。

インドの村は、全くそうではない。日本人が村に来たということなど、せいぜい2日もあれば村中に知れ渡る。確かに、カンポンには中国人もわずかだが住んでいるから、日本人の私が目立たなくても不思議ではないが、どうもそれだけでは済まないような気がする。村に中核がないということのもうひとつの表現として内と外との区別がなく、さらに言えば、あまり分け隔てがないのだ。

このような違いの由来を、人々の違いを重視するヒンドゥーと、神と人とが1対1で向かい合うイスラームという信仰の違いに求めうるのか、集団という考え方が先行するインドと個人主義の強いイスラームという発想の仕方の違いに求めうるのか、少なくとも数世紀かそれ以上の歴史的経過を経てできあがってきたインドの村と、せいぜい100年から150年の歴史しかない新規開発村であるカンポンとの違いに求められるのか、あるいはそれ以外の要因があるのかどうかを判断するのは難しい。おそらく、そのいずれもが重要であろうが、ひとつ確信を持って言えるのは、インド

ペラ河の渡し船　マレー半島では、クアラ・カンサルの町に限らず、村や町が河の両岸にまたがっていることが多い。船とのつきあいが日常的だからだ。バイクや自転車も、渡し船で両岸を往来する

高床式のカンポンの家　家は地面からの数本の柱によって支えられているが、近年は、床下部分に壁を設けて総2階にすることが多くなった。私のような背の高い者は、頭をぶつけることになる

村のモスクでの礼拝　マレー人イスラーム教徒にとって、金曜日の午後は何をさておきモスクに集まらなければならない。皆、礼拝用の服に着替え、村のモスクに集まってくる

村の老夫婦　東南アジアへのイスラームの伝播として、13世紀にムスリム商人や神秘主義教団が活動し、スマトラ島西北端に位置するアチェにイスラーム国家が成立したことが知られている。しかし、15世紀にマラッカ王がイスラームに改宗したことが、イスラーム化を一気に進めた。ただし、女性が常に被りもの（トゥドゥン）をするようになったのは、ごく最近の原理主義の影響が強まってからのことである

においても、新規開発地では散村形態の場合が少なくないことである。また、村に外部の者が土地を買って移り住むような場合は、逆に既存の居住区とは無関係に、買った土地に家を建てている。カンポンのありかたは、開発の新しさと強い関係があると考えるのが適当だろう。

## 開発地

新規開発地でのまとまりのなさという点では、シンガポールも例のひとつとなる。

18世紀末から、マラッカや中国からの移民を集めて形成されてきたシンガポールは、それまでの集落を潰してＨＤＢ(Housing Development Bureau、住宅開発公団)と呼ばれる高層のアパート群に人々を移動させた。シンガポールの中心部であるオーチャード通りの周辺に並ぶ高層住宅の多くは民間デベロッパーによるものであるが、郊外のものはＨＤＢが多い。外見は同じように見えるかもしれないが、足を1歩中に踏み入れれば、1室から5室までの違いのある結構な階級社会であって、1室のものなど、ほとんど貧民窟のようであることを多くの日本の方はご存じないであろう。

話がそれたが、私もしばらくＨＤＢに住んだことがある。その経験からして、エレヴェーターで十数階とか二十数階とかに一気に移動する生活の中で、コミュニティー意識など、なかなか育つものではない。年寄りがぽつねんと1日中階下でぼんやりしている様子は、シンガポールでは珍しくない光景である。

タイ
0
50
100km
ハートヤイ
(ハジャイ)
パターニー
マ
レ
ー
半
島
ランカウイ島
アロール・スター
コタバル
ジョージ・タウン
ペナン島
プジャン・ヴァレー
ペラ州
タイピン
クアラ・カンサル
イポー
ペラ河
キャメロン
高原
クアラ・トレンガヌ
マレーシア
クアンタン
マ
ラ
ッ
カ
海
峡
バトゥー・ケーヴ
クアラ・ルンプール
クラン
スレンバン
マラッカ
ス
マ
ト
ラ
島
インドネシア
ジョホール・バル
シンガポール
ビンタン島

何とかコミュニティー意識を育てようと、シンガポール政府は地区ごとにコミュニティー・センターを建設し、地域の核としようとした。このコミュニティー・センターには、集会室はもちろんのこと、スカッシュ・コートなどのスポーツ施設も併設されている。しかし、そもそも政府自身が国家への帰属意識を絶対化しようと懸命になっており、それらのコミュニティー・センターも、そうした国家統合の一環としてなされた施策であるから、国家統合と対立する可能性を孕《はら》みうる地域コミュニティー意識が育つはずはない。

ある時、コミュニティー・センターで募集したコミュニティー・ツアーと称する催しに、近所づきあいのきっかけにでもなればと思って私も家族共々参加した。しかし、それは１００パーセント中国人だけの、ひたすら中華料理を食べて隣国マレーシアの安い食材を買って帰るツアーであった。豚肉を忌避するマレー人が中華料理を食べるツアーに参加するはずはない。

食材だけではない。食べ方も随分と違うのだ。マレー人であれインド人であれ、基本的に自分の皿とかバナナの葉に自分の分が盛りつけられ、それを食べる。日本人もそうであるが、中国人は共通の皿から自分の分を自分の皿に自分で運んで——ウェイターやウェイトレスが料理を取り分けてくれるようなレストランは別として——食べる。日本人は、そのために取り箸とか箸を逆さに持ち替えてというような、ややややこしいやり方を知っている。

では中国人はどうかというと、まず直箸《じかばし》である。そこまでは何とか受け入れても（シチュエーションはコミュニティー・ツアー、つまり見知らぬ者たちが集まる団体旅行である）、スープ碗ひとつから複数が直接すくって飲むのは日本人にはかなり抵抗がある。さすがの著者も、初めてそれを経験させられた時は面食らった。まあ、箸なら構わないが、スプーンには抵抗があるという日本人の感覚のほうが奇妙と言えば奇妙なのかもしれない。

しかし、単に生活慣習の違いであればよいが、インド人となるとそういうわけにはいかない。それは、単に自分は牛肉を食べないの、魚を食べないの、受精卵はだめとかというレベルではなく、他の人と一緒に会食することができるかどうかということさえ、生まれによって定まるカーストの規制がかかる時代が長かったからである。

今はそうしたことも少なくなったのではないかと想像するが（確認していないので）、数十年前までは南インドの菜食レストランの料理人といえばバラモンというのが当たり前であった。自分より下のカーストの者が調理した料理を食べることができないのであるから、最上位のカーストを料理人とすればその心配がなくなるからである。とあれ、食事そのものが社会規範と結びついてきた社会につながってきた人々が、何でも食べまくるというツアーに参加するはずがない。

## 個人主義と共同体主義

こうした環境の中で、ではマレー人がどのような形でコミュニティー活動をしているかと言え

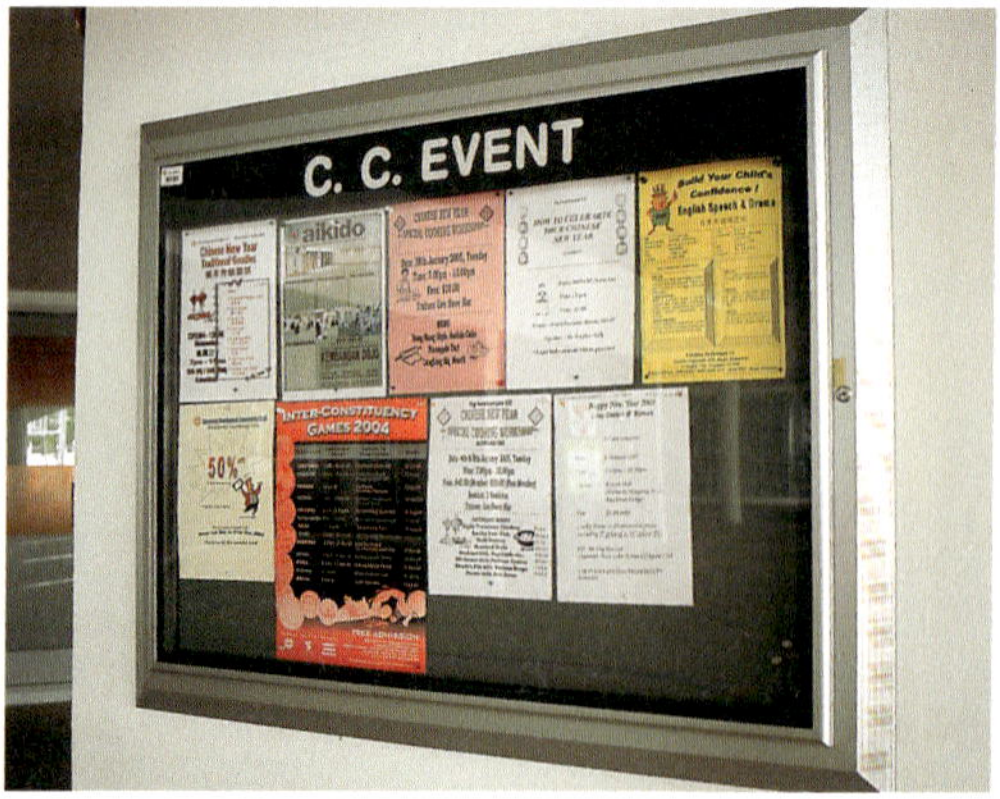


シンガポールのコミュニティー・センター　手前の低層の建物がコミュニティー・センター。HDB（高層の大きな建物）の1階は何もなく、いわゆる下駄履き団地。

左はコミュニティー・センターのお薦めイベントを紹介する掲示板。各施設では語学、料理、旅行、演劇、ダンス、ゲームほか、大人から子どもまでを対象とした120以上の講座がある。スカッシュコートなどのスポーツ施設や多目的ホールも設置されている

団地でのマレー人の結婚式
シンガポール政府は、コミュニティーづくりをしようと民族の混住を意図的に図って団地化を進めたが、比較的近所づきあいが見られるのはマレー人のみ。近所のおばさんたちが集まって、結婚式の料理の手伝いをする

インドの村での御呼ばれ
集まりに顔を出すと、有無を言わさず御呼ばれとなる。バナナの葉が並べられた床に座ると、ご飯とおかずが次々と盛られる。このような密な関係をシンガポールで経験することは難しい

ば、集まるという点では金曜のモスクでの礼拝が圧倒的に重要である。確かに、農村部では日に5回のお祈りを欠かさない人も少なくないが、都市ではそのようなわけにはいかないことが多く、この金曜午後の礼拝が最優先される。マレーシアでは、この時間帯は会社も工場もストップすることになる。ただし、そこでは共同での礼拝がおこなわれ、師による説話もなされるが、互いにお喋りして交友を深めるわけではない。そもそも、アッラーとその信徒は1対1の関係なのだから。

では、どのような機会に親交を深めるかというと、私が見る限り、結婚式の会食である。シンガポールでしばしば見られるのは、HDBの階下（通常、いわゆる下駄履き団地のように、1階は柱だけの空間となっている）でマレー人が集まって結婚式を執りおこなっている風景である。何日か前から親しい人々が集まって料理を作り、場合によっては何百人となる参会者にふるまう。お酒を飲むということはないのだから、食事をしながらお喋りを楽しむわけである。しかし、これでもかこれでもかというぐらい料理が次から次へと登場し、定まった人のみが参会する中国人の結婚式と異なり、マレー人の結婚式の場合は、ふるまわれる料理の品数は参会する人数と反比例して圧倒的に少ない。もちろん、豚肉料理もなければ酒もない。そうしたところに、たとえ中国人が顔を見せたとしても、すぐにおいとまする。基本的に、マレー人だけの集まりなのだ。

ついでと言っては何だが、インド人はどうか。実は、シンガポールのインド人というのを一括《ひとくく》りで語るのは難しい。イギリス帝国の世界的展開と軌を一にして世界各地に展開していった医者、技術者、弁護士、教師、官吏などは、シンガポールでも少なからぬ割合を占め、カーストはもちろん、民族の区別など何のその、ハイソサエティの一員として知的な交友関係を楽しんでいる。その一方で、清掃人をはじめとするシンガポール社会の最底辺を占めているのもインド人である。互いの交流は皆無と言ってよく、おそらく、前者からすれば、後者は中国人やマレー人よりも遠い存在であり、かつ遠ざけたい存在でもある。

## インド的まとまり

そうしたインド人社会が、ひとつのまとまりを有しているかに見えるときが年に数日だけある。リトル・インディアと呼ばれるオーチャード通りからさらに東につながるインド人街で繰り広げられるタイプーサムという祭りである。

タイプーサムというのはヒンドゥーのムルガン神を祝う祭りである。マレー半島ではあちこちでこの祭りがおこなわれるが、特に有名なのはペナンのウォーターフォール寺院でのものと、クアラ・ルンプール郊外のバトゥー・ケーヴのものである。どのようなものかというと、かつてヤコペッティ監督の『残酷大陸』とか『続・残酷大陸』などの映画をご覧になった年配の方もいらっしゃるだろう。その1シーンにあったように、祭りの参加者は、全身、あるいは背中じゅうに

バトゥー・ケーヴでのタイプーサム祭り　クアラ・ルンプール郊外に数万人の観光客を集め、多くのインド人が参加する。カヴァディを担ぐ本人は、家族や親戚、友人に見守られながら、トランス（憑依〈ひょうい〉）状態に入っていく

右ページ
シンガポールでのタイプーサム祭り　からだに鉤針（かぎばり）を刺して重りをぶら下げ、半月形のカヴァディ（神像）を背負い、あるいは水瓶を頭に載せて踊り歩く。１ヶ月前から肉食を絶ち、この日に備える。左下はシンガポールのタイプーサムがおこなわれるリトル・インディアのヒンドゥー寺院

大きな鉤針《かぎばり》を刺し、先に鉄球を縛り付けた鉄の鎖をそれに結わえ、頬《ほお》には直径1センチはあろうかと思われる鉄の棒を突き通し、カヴァディと呼ばれる神像を肩に担ってトランス（憑依《ひょうい》）状態で踊り狂うのである。1年前にムルガン神に願をかけ、その御礼を自らを傷つける行為によって果たすという意味がある。

シンガポールのリトル・インディアでも、同様なタイプーサムの光景が繰り広げられるが、祭りの中心的空間は、リトル・インディアの一角を占めるヒンドゥー寺院である。そこを中心に、祭りは1週間前後繰り広げられるが、ここでの議論からして重要なのは、特定の日が特定のコミュニティーに割り当てられていることである。最初の数日間は、このヒンドゥー寺院の最大のスポンサーであるナットゥコッタイ・チェッティヤール（後述）のためにあり、その後他のヒンドゥーたちが利用する。祭りというまとまりの中でも截然と区切られている、いかにもインド的なまとまりがそこでは見られるのである。

村のまとまり、地域のまとまり、国家のまとまり、それに対する人々のまとまり。そうしたまとまりは、どのように成り立つのか、どのように成り立たせるのか、それを見定めることは容易ではなく、同じ問題は、我々日本人も同様に抱え込んでいるはずである。

# 借りる

## ゴム・ブーム

一見何も経験してこなかったかのようなマレーシアのカンポンも、幾つかの歴史の波にもまれてきた。第1の大きな波は、20世紀の初めに生じたゴム・ブームである。クアラ・カンサルは、ゴムが商業的に栽培され始めた最初の土地として知られているが、確かにその後数年の間にものすごい勢いで栽培が広がった。

ゴムは、プランテーション作物として知られているが、それを追うようにして村人たちによって栽培されるようになったことは意外に知られていない。カンポンでは、それまで川沿いに並行して人々が住み着き、それらの高床の家々は、それぞれマンゴスティンやランブータン、場合によってはドリアンなどの果樹に囲まれていた。デンプン類は、キャッサバやサゴヤシからとることができたし、場合によっては米作もおこなわれていた。

それらに対して、ゴムは川筋と反対側の内陸側に展開した。村人たちはそこで植えたゴムのミルクを村の加工場に運んでシート状にし、中国人商人に売った。貴重な現金収入であり、村人たちの胸はワクワクしたことだろう。

ところが、天性のおおらかなマレー人のこと、金が回り始めると欲しいものが次々と出てくる。止まらない。インドや日本からの綿製品、自転車、お米……。ついでに、メッカへの巡礼、村人や親戚を呼んでの大がかりな結婚式……。問題は、それらに収入が追いつかないことであった。

そこに登場したのが、インド人の金貸。ナットゥコッタイ・チェッティヤールである。近年、インドの財政相がこのコミュニティーから出ていることからわかるように、南インドの有力な金融コミュニティーであり、チェッティナードゥという地域の出身である。

ナットゥコッタイ・チェッティヤールは、本拠地にあたるいわば本家から、ジュニアとシニアを1組にし、3年単位で東南アジア各地に資金と共に送り込む。2人は、年利12パーセントから24パーセント前後の金利で融資をおこない、3年後にその利益を携えて故郷へ戻り、成績次第でより旨みのある土地に送られることになる。

銀行などが地方の町に支店を出すようになるのは、ずっと後のせいぜい1930年代のことであるから、それまで彼らがカンポンの村人たちにとって唯一の頼れる資金源であった。

ナットゥコッタイ・チェッティヤールは、任地で例外なくひっそりと店を開き、ひっそりとした生活を続ける。しかし、その姿とは対照的に、マレー半島の全域で大きな影響を与える活動を展開した。20世紀初頭のどの地域でもよい、土地台帳のどのページでもよい、ちょっとめくってみるがいい。そこには、例外なく、ＣＨという符号と共に、幾つも幾つもイニシャルを付けたインド人の名前が出てくるはずだ。ＣＨとはcharge、つまり抵当化されたことを示す略号であり、幾つものイニシャルは、その抵当権を設定したのがナットゥコッタイ・チェッティヤールであることを示す。つまり、彼らは、マレー半島の隅々で土地を抵当にとって金を貸し続けたのだ。プランテーションへのインド人移民の流入とはまた別の、もうひとつのインドとマレー半島との深いつながりを示すエピソードである。

## 担保

ナットゥコッタイ・チェッティヤールによる広範な金融活動は、幾つもの甚大な影響を与えたが、経済史的に見て最も重要なのは、マレー半島の土地に担保価値を与えたということである。19世紀までのマレー半島は、ジャングルがどこまでも続き、それに対して人の数は圧倒的に少なかったから、言ってみれば土地など有り余るほど有り、とても商品価値が付くようなものではなかった。イギリスは、植民地支配を進める過程で土地の測量と区画、地番付けなどをおこない、土地が商品化されるような基盤整備を進めてはいたが、それだけで土地に値段が付くわけではなかった。ちなみに、人の労働の方がはるかに重要であったから、18～19世紀までのマレー半島では借金をした代わりに奴隷のような扱いを受ける債務奴隷的な制度が広く見られた。金で何とか

チェッティヤールの出身地の住居　金融活動を中心となって担ったチェッティヤールたちは、南インドのナットゥコッタイ地域のチェッティナードゥ（ティルチの南80キロほど）を故郷としているためにナットゥコッタイ・チェッティヤールと呼ばれる。住居は幾つかの集落に分散しているが、その豪奢（ごうしゃ）さに驚く（左ページ下も）

クアラ・ルンプール、チェッティヤールの両替商　チェッティヤールの活動がよく知られているのはビルマ（ミャンマー）だが、マレー半島はもちろん、タイやヴェトナムまで、広い領域で活動していた。現在はかつてほどの影響力はない。左に「金のなる木」が見える

労働力を確保するのである。

ナットゥコッタイ・チェッティヤールの融資は、基本的に土地を担保とした。価値のない土地を担保にしたというのはおかしな話かもしれないが、マレー半島に先立つ100年前に植民地化され、土地が重要な価値をもったインドからやって来た彼らからすれば、それ以外の発想も選択肢もない。ところが、当初こそ土地には商品としての価値がなかったものの、彼らが土地を担保にしてお金を貸すという事態が広く深く進み、その背後にゴム・ブームによる現金収入があり、そしてまた大量の移民の流入によって都市化が少しずつ進むようになってくると、土地が商品として認識され、取引されるようになってくる。私が調べたクアラ・カンサルの町でも、ゴム・ブームの到来から数年して、はっきりと土地の値段が付いた取引が始まるようになるのである。

そうなると、これまでこうした商品経済の波にさらされた経験のなかったカンポンのマレー人たちも、ゴムにしろ土地にしろ、打ち出の小槌《こづち》のように思えてくるのは当然で、中には調子に乗って借金で首が回らなくなり、住んでいる土地を借金のかたにとられてしまったり、あちこちに逃げ出してしまうような連中が続々と出てくることになる。となると、これはこれで形式的にはマレー人の統治者でありかつ庇護者としての振る舞いも期待されていたスルタンはもちろん、しょっちゅうマレー半島と母国の間を移動するインド人や、秘密結社はもちろん母国に対してもまだ思いを捨てきれない中国人に信頼を置ききれないイギリス植民地当局にとっても、とても困った事態なのだ。

このような事態からとられた措置が、マレー留保地法と呼ばれるものである。１９１３年に施行されたこの法律では、マレー人留保地として政府が指定した地域では、３年以内の短期取引を除いてマレー人から非マレー人の手に土地が移るのが禁止され、１９３３年の改正では短期取引も禁止された。こうして広大な地域が留保地に指定されていったために、マレー人が借金で土地から追い出されるという事態を押しとどめることができることになった。

こうして、マレー農村では、第１の波が過ぎ去り、マレー人は土地を奪われることもなく、かと言って資金もさしてないことから都市へ出て行く機会もなく、言ってみれば静かな時間が過ぎていくことになった。

## 第3の波

第２の波は、日本軍の侵攻である。しかし、マレー人は日本軍の攻撃の対象になったわけではなかったので、せいぜい銀輪部隊の日本兵に自転車を「徴発」されて泣き寝入りするぐらいで、あまり大きな波をかぶったとは思われない。

この第２の波よりもはるかに大きな規模で農村を襲ったのは、80年代以降のいわゆる近代化の中での労働環境の変化という第３の波だったろう。しきりに海外に生産拠点を移していた日系企業をはじめとして、各国の企業が地方に進出し、数千人から場合によっては数万人規模で労働者を雇うことになった。なるべく固定資本を抑え、フルに回転して稼働率を上げることが効率的であるから、工場は通常は3シフト、つまり1日を三つのシフトに分けて操業を繰り返す。したがって、4000人規模の工場であっても、総労働者数はその3倍となる。

そうした事情から、経営側は村々に何台ものバスを走らせ、早朝深夜構わず労働者を送迎する。3シフトでは、2週間ごとに時間の幅を8時間ずつずらしていくという体制となる。時差という点からすれば、日本とヨーロッパとアメリカ西海岸を、それぞれ2週間ごとに移動することに等しい。慣れればどうということはないとも言うが、時差についての私のこれまでの経験からして、これほどの東西の移動の場合、移動後に時差ぼけが完全にとれるまで1週間かかるから、結構きついのではないかと思う。現地のマスコミで、シフトが健康に及ぼす影響の問題が取り上げられたこともあった。

労働の中身は基本的には誰でもできる単純作業で、それだからこそ忍耐が必要であることもあって、マレー人男性にはなかなかしんどく、労働者には女性が多い。もちろん、そうした単純労働が女性に向いているというわけではなく、工場ではマス・ヒステリーと呼ばれる若い女性労働者の集団ヒステリー問題が頻発する。工場や寄宿舎で、突然1人の女性が何かを喚《わめ》きだし、それをきっかけに何人もの女性が同様な症状を見せ始め、操業がストップしてしまうのである。日本の進出企業も、ほとんど例外なくこの問題を経験したことがある。ボモと呼ばれる悪霊払いの祈祷師に大金を払って、何とかおさめるのである。

単純労働が男性と女性のいずれがより不向きかという議論はともかく、とにかくイスラームの家庭での女性の負担は大きく、村で私の世話をしてくれたおばあさんに言わせれば、「女は奴隷だ」。しかし、工場などに働きに出ることによって家の中で重要な稼ぎ手となり、しかも3シフトで家事ができないことがしばしば生じるとなれば、家庭の中での役割分担も変わらざるを得ない。夫婦の関係が変化するし、未婚の女性もあえて結婚して「奴隷」になる必要もない。男女に関わらず、10代の前半から結婚と離婚を繰り返すということが奇異ではなかった数十年前までの男女観、結婚観も大きく変容することになる。

マレー農村をもうひとつ大きく変えているのは、農村から都市への若年労働者の移動である。地方へ進出した企業に通勤する場合にはまだライフ・スタイルはそれほどは変わらないであろうが、都市に移動してしまうとなると話は別である。農村部からの人の移動の結果、首都クアラ・ルンプールを中心として、地方都市でも住宅建設と市域の拡大は目覚ましい。

その場合、はじめは単身で動いていった若者たちも、結婚し、子どもをもうけ、次第に都市を生活の本拠とするようになっていく。クアラ・ルンプールのバス・ターミナルは、ハリラヤ・プアサと呼ばれる断食明けの祭りの際に地方へ帰る人々でごったがえすが、それは単に人々の短期

クアラ・カンサル　このような地方都市に企業が進出し、周囲の農村から労働者をバスで集めている。車は工場労働者の送迎バス。まだまだ町には、ゆったりとした空間があり、のんびりしている

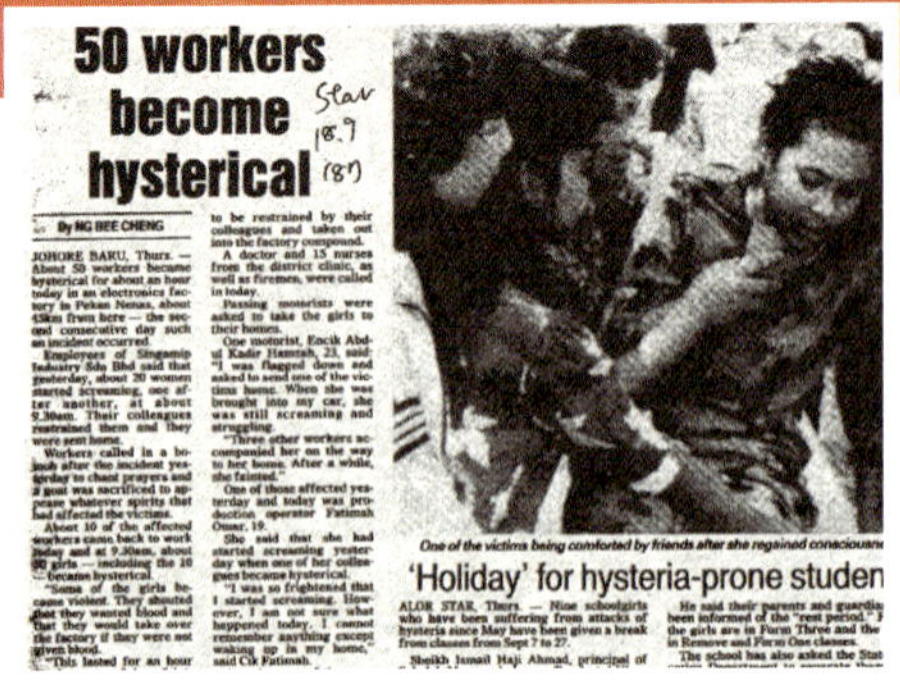

# 50 workers become hysterical

Star 18.9 (87)

By NG BEE CHENG

JOHORE BARU, Thurs. — About 50 workers became hysterical for about an hour today in an electronics factory in Pekan Nenas, about 45km from here — the second consecutive day such an incident occurred.

Employees of Singamip Industry Sdn Bhd said that yesterday, about 20 women started screaming, one after another, at about 9.30am. Their colleagues restrained them and they were sent home.

Workers called in a bomoh after the incident yesterday to chant prayers and a goat was sacrificed to appease whatever spirits that had affected the victims.

About 10 of the affected workers came back to work today and at 9.30am, about 50 girls — including the 10 — became hysterical.

"Some of the girls became violent. They shouted that they wanted blood and that they would take over the factory if they were not given blood.

"This lasted for an hour to be restrained by their colleagues and taken out into the factory compound.

A doctor and 15 nurses from the district clinic, as well as firemen, were called in today.

Passing motorists were asked to take the girls to their homes.

One motorist, Encik Abdul Kadir Hamzah, 23, said: "I was flagged down and asked to send one of the victims home. When she was brought into my car, she was still screaming and struggling.

"Three other workers accompanied her on the way to her home. After a while, she fainted."

One of those affected yesterday and today was production operator Fatimah Omar, 19.

She said that she had started screaming yesterday when one of her colleagues became hysterical.

"I was so frightened that I started screaming. However, I am not sure what happened today. I cannot remember anything except waking up in my home," said Cik Fatimah.

*One of the victims being comforted by friends after she regained consciousne*

## 'Holiday' for hysteria-prone studen

ALOR STAR, Thurs. — Nine schoolgirls who have been suffering from attacks of hysteria since May have been given a break from classes from Sept 7 to 27.

Sheikh Jamail Haji Ahmad, principal of

He said their parents and guardia been informed of the "rest period." the girls are in Form Three and the in Remove and Form One classes.

The school has also asked the Stat

クアラ・カンサルの工場　セパタクロー〔籐球〈とうきゅう〉〕を楽しむ工場労働者とマス・ヒステリーを報じる地元の新聞記事（写真の工場と新聞記事とは無関係）。日系企業の福利厚生施設は、充実している

海外旅行　イポーの町の旅行広告(上)とクアラ・カンサルの銀行(下)。生活に余裕ができると、まず海外旅行が盛んになる。もちろん、マレー人をはじめとするムスリムの場合には、メッカへの巡礼の旅が最高の夢であるが。イスラーム系の銀行は、イスラーム教が利子を禁止しているため、手数料や各種売買益で運営する

間の帰郷を意味するだけではなく、都市のライフ・スタイルが村に持ち込まれることも意味する。その結果、村の人々の生活と意識も変わっていく。インドにも、そして日本にも共通の事態がここでも進行しているのである。

# 失う

## 誰も知らない

ナットゥコッタイ・チェッティヤールたちは、その後どうなったのか。

１９２０年代には、クアラ・カンサルのような小さな町であっても、その商店街には10以上の彼らの支店があった。最盛期である。しかし、彼らの活動に、激震が走る。

１９２９年のいわゆる大恐慌である。ゴムの値段が半分に落ちたことはもとより、経済活動全般の低下によって人々の生活が成り立たなくなり、借金の返済どころではなくなった。土地が抵当流れとなり、ナットゥコッタイ・チェッティヤールのものになったとしても、それはナットゥコッタイ・チェッティヤールにとって資金の凍結を意味し、ありがたいことでも何でもない。ましてや、隣のビルマでは、同じ頃反ナットゥコッタイ・チェッティヤール暴動が生じ、大損害を蒙《こうむ》った。マレー半島では暴動にまでは至らなかったものの、彼らが大きな損害をかぶり、中には、破産してしまったケースも見られたのだ。

大恐慌から立ち直るかに見えた彼らを、もうひとつの嵐が襲う。日本軍の侵攻である。真珠湾よりも時間的には早く開始されたというシンガポール攻略を目指したマレー半島上陸作戦で、結局、ナットゥコッタイ・チェッティヤールたちは、手に持てるだけの資産をもって母国へ戻らざるをえなかった。ちなみに、この時期のそうした彼らのいわばマレー半島を捨てるという行動が、独立運動の過程でインド人はマレー人と並んで独立後の国家を背負っていく存在とはならないという、マレー人による対インド人認識の根拠とされてしまった。

それでは、彼らが入手した土地は、その後一体どうなったのか。結論から言えば、そのまま彼らの名前で現在でも存在している。クアラ・カンサルの町の全ての地番に関して過去100年の所有権の動きを調べてみると、今でも駅の周辺にその土地が固まって存在している。訪ねてみると、そのあたりには中国人をはじめとする人々の家が立ち並んでいる。聞いてみても、誰もナットゥコッタイ・チェッティヤールが彼らの住んでいる土地の所有者だということを知らない。少なくとも、知らないふりをしている。したがって、地代など払っているはずもない。

このように、彼らの足跡は、町からはほとんど忘れられようとしているが、ふたつだけ、彼らの活動が町に残っている。ひとつは町の商店街の一角にある支店。支店とは言っても、一般の人々に融資するような活動はもうしておらず、もっぱらプランテーションとの金融的つきあいであると言う。そこで働いている者も、既にインドから送られてきたナットゥコッタイ・チェッティヤールではない。もうひとつは、これも町の一角にあるヒンドゥー寺院。彼らの寄付で成り立っていたようだが、なぜかそのことを、寺院守りは言葉を濁して明言しない。

こうして、彼らの軌跡は、彼らがマレー半島の経済発展に果たした役割とは裏腹に、ほとんどわからなくなってしまった。静かなこの町のそうした歴史に気付く人は、これからもおそらくいないだろう。

## 誰もが知っている

ナットゥコッタイ・チェッティヤールの影は、このようにほぼ消えてしまったが、町には様々な活躍をしているインド人がいる。その代表格がアンダーウッド先生である。町の中心に病院を構えるお医者さんであり、誰もが知っている。私は、この先生に大変にお世話になった。この町の調査の間、ずっとこの先生の病院の1室で居候させていただいたのだ。ただ、それだけではなく、とてもユニークな人生を送ってこられ、かつ日本との関わりも深い方なので、先生の紹介をしておこう。

そもそもは、突然の来訪だった。80年代の初め、クアラ・カンサルの町で唯一外国人が泊まれるような場所は、政府関係者が出張中に優先して泊まることのできるトラヴェラーズ・バンガローだけであった。幾つかの部屋からなるこのバンガローは、かなりの年代物であったが、広いには広く、宿代も安い。このようなシステムは、インドにもあるもので、イギリスの植民地統治を

クアラ・カンサルのヒンドゥー寺院　町の一角にあるヒンドゥー寺院（このページと左ページ下）は、20世紀の初めにチェッティヤールの資金で建立されたようだ。僧は、インドから招かれる

ヒンドゥー寺院の起工式　クアラ・ルンプール近郊の町ペタリング・ジャヤ。1980年代にイスラーム原理主義運動が強まったのに比例して、他の民族の間でも宗教意識が強まった。新しいヒンドゥー寺院を建設するため、インドから大勢の僧が招かれ、儀式が執りおこなわれた

クアラ・カンサル　1990年代初めまでは、まだ信号がひとつしかなく、それも時計回りにひとつずつ青になっていく方式ののんびりした時代だったが、今はモータリゼーションの波が押し寄せている

カンポンのモスク　イスラーム原理主義を掲げるPAS（パス）と呼ばれる政党の支持者たちが集まるスラウと呼ばれる礼拝所

受けたところに共通のものである。

アンダーウッド先生は、このバンガローに宿泊中の私のところにいらして、「あなたの滞在を聞きつけたが、ぜひ自分の所に泊まってください」と流暢な日本語でおっしゃった。私は、突然のことであったので訳がわからず、少なくとも今回の滞在期間中は既に予約してしまってあるのでとお断りしたところ、では次にいらっしゃる機会があればどうぞということになった。それから何ヶ月かして、再び調査に訪れることになり、お世話になることとなった。そして、それが最初で、以後何度も何度も長期にわたって泊めていただいた。

お聞きしたアンダーウッド先生の人生は、劇的なものであった。

スリランカ出身のインド人は、マレー半島のプランテーション開発に、早くから関わった。19世紀後半、スリランカでは疫病の発生によってコーヒー・プランテーションが壊滅してしまい、そこで活動していたイギリス人プランターの一部は、マレー半島で再びプランテーションにチャレンジした。その際、スリランカで自分の下で中間管理職として働いていたスリランカ出身のインド人を連れてきた。先生のご両親も、その中に含まれていた。

スリランカ出身のインド人というと奇異に聞こえるかもしれないが、スリランカのインド人は大きくふたつに分類される。19世紀のプランテーション開発と共に新たにスリランカにわたってきた者と、はるか以前から移り住んでいた者である。スリランカ出身のインド人とは、後者を指す。

スリランカでは、植民地支配初期からミッショナリーが活動し、住民たちにキリスト教を広め、英語教育を活発におこなった。その結果極めて教育程度の高いインド人層が成長した。プランテーションの中間管理職となっていたのは、この層であった。アンダーウッドという先生の英語名も、先生の先祖がそうした層に属していたことを物語っている。

先生の人生が一変したのは、日本軍の侵攻によってであった。まだ10代であった先生は、日本語能力が非常に高いということから、現在のマレーシアやミャンマー、インドネシアその他の国々から日本軍によって選ばれ、日本に送られて高等教育を受けるグループの一員になった。いわゆる、南方特別留学生である。そして、おっしゃりはしないが、おそらく日本軍の下でマレー半島での諜報活動に従事されたのではないかと思う。日本軍の敗退後、かなり苦労されたのは間違いない。

ほとぼりが冷めた頃、先生は医学を志し、医学教育を受け、さらに博士号をえるために日本大学に留学された。その際、東大医学部の先生にも大いに薫陶を受けられたようである。そのことを非常に恩に思われて、これまでクアラ・カンサルにやってきた日本人の何人もの世話をされてきた。私も、医学部とは何の関係もなかったものの、日本人であることと東京大学に縁があるというふたつの理由でお声がかかったのであろう。

アンダーウッド先生　先生（上右）は２人の養女（上左はその１人）を育て、学校に行かせている。町の真ん中にある先生の病院（下）には、多くの患者が集まる

知事公邸　町を見下ろす高台にあるかつての駐在官の邸宅は、植民地様式の建物で、現在では県知事の公邸として使われている

スルタンの宮殿　ペラ河に面した高台にそびえ立つペラのスルタンの宮殿。年に一度、祭りの際に一般に公開され、多くの人々が訪れる

先生は町で最も著名な医者であり、スルタンの知己であり、いわゆる町の名士である。しかし、根っから体を動かすことが好きで、ガーデンで様々な果物を栽培され、特に素晴らしい味のパパイヤを食卓に出してくださる。私はというと、毎日毎日が居候。朝はもちろん、素晴らしい味の昼の中華食、夜のインド食さえご馳走になる。厚かましいとは思っているのではあるが、お断りできるような状況ではない。居候であるにも関わらず、3杯目まで勧められる始末なのである。

## 面倒を見る

このように、私は世話をしていただきっぱなしで何年も過ぎてしまったのであるが、世話をするということに関して、日本人とインド人、あるいはマレー人との間に、かなり違いがあるようにも感じている。たとえばカンポンでの生活でしばしば驚いたのは、誰かの世話をするかどうかということに、血縁関係はあまり関係がないという点である。若い夫婦に赤ちゃんが生まれたとしよう。その赤ちゃんは、極端に言えば誰が面倒を見ても良いし、養子も多い。子どもは両親が育てるべきだという規範意識がないのである。同様に、介護が必要な老人がいる場合、その面倒は、しばしば隣人たちが見ている。もっと日常的なのは、毎日別の人の家にご飯を食べにやってくる者が多い。また、誰かやってくると、ご飯を食べて行けと誘う。確かに個人主義なのだが、互助意識もとても強いのだ。

カンポンの家　伝統的なカンポンの高床式の家(左)。かつては床下は使い勝手のよい生活空間だったが、生活様式がかわり、上のように床下に壁を設けて住むことが多くなった

マーの思い出　右の右側が著者の借家、中央がマーのバスルーム、左の奥にかすかに見える小さな家がマーの家。マーの死後、その家もバスルームも消えた。上は著者とマーのツーショット

カンポンの庭　香料や民間薬などになる有用植物のほか、観賞用の草花や果物も栽培（右）されている。たわわに実のつくランブータン（上）は現金の収入源ともなる

カンポンの住民　マレー人のカンポンでは、何かと皆が集まる。この日は建築祝いに集まった。お酒を飲むことができないので、日中に庭で甘いコーヒーやお菓子を食べながら談笑するのが楽しみだ

街道筋の屋台　マレー人の家の周りには、ドリアンやマンゴスチン、ランブータン、バナナなどの樹木が少なくない。この若い夫婦は、クアラ・カンサルの街道筋の道路端に屋台を出して揚げバナナを売り、貴重な現金収入を得ている

米を搗く　クアラ・カンサルのカンポンでは、現在でも隣近所の子どもたちもいっしょに手伝って、昔ながらの唐臼（からうす）で米を搗（つ）き母親を助ける。長く競争社会から無縁であったカンポンに暮らすマレー人は、豊かな自然の中で生きている

他方、インド人となると、家族の関係が強い。老いた親は子どもが面倒を見るべきだと考える。ちなみに中国人はどうかというと、共同の施設を重視するようだ。単にそうした施設に頼るというのではなく、篤志家は積極的に寄付をおこない、その寄付で運営されることが多い。中国人関係の学校でもよい、何かの福祉施設でもよい、そうした建物を訪れてみるがいい。柱や壁や時計やテレビや、場合によっては建物全体だったりするが、とにかく至る所に寄付をした人の名前が掲げられている。堂々と寄付をし、堂々と自分の名前を残すという文化がしっかりと存在するのだ。

クアラ・カンサルのジャム村で調査を終えてから数年して、私は再びジャム村を訪れた。滞在中、私の食事の世話をしてくれたおばあさんに会うためだ。当時、私はそのおばあさんをマーと呼んでいた。お母さんという意味だ。

シンガポールから車を借りて、目指す村にたどり着いた。しかし、私の借家の側に立っていたその家は、跡形もない。すっかり、姿を消してしまっている。うろうろしていると、隣家の家主のおばさんがやってきて、マーは何年か前に死んでしまったという。マーの養子で船乗りになったハスルルも、行方が知れない。日に5度のお祈りを欠かさなかったマーのこと、ちゃんと天国に行ったに違いないが、私の大事な人生の一部が消えてしまった寂しさは、今も私の心に残り続けている。

# 原点と拠点

## 郷土愛の発現

この数十年のアジアの変化には、すさまじいものがある。立ち並ぶ高層ビル、ショッピング・コンプレックスにあふれる商品の山、世界じゅうの電波をとらえるパラボラ・アンテナ、道路を埋める自動車やバイク、若者のＴシャツ、女性のファッション、人であふれるレストラン……。それらのアジアの都市の光景は、数十年前までは考えられなかった変化が進んだことを意味している。

３０００メートル前後の山で囲まれた町で高校卒業まで過ごし、その後東京で暮らすことになった私は、郷里に馳せる思いを今でも強くもっている。しかし、いざそこに戻って暮らせるかというと迷わざるをえない。冬の東京のさんさんと輝く太陽を見ながら軽井沢を越えると突然の雪国となり、外でテニスもできない毎日を毎年数ヶ月も過ごさなければならないと考えるだけで、とんぼ返りするだろう。

確かに、東京の陽の降り注ぐ生活にはないものも郷里にはある。風のそよぎ、降雪の合間のまばゆい陽光、しんしんと積もる雪の音、それを聞きながら朝の光景を思ってワクワクする心、正月や祭りの親戚の集まり、おばさんやおじさんの笑顔と思いやり、小学校のグラウンドでの野球、河原での缶蹴り……。年齢にふさわしいことを言うならば、刺身の歯ごたえ、「すべすべまんじゅう蟹」の味噌汁、下々《げんげ》のすまし汁（まあご存じないでしょうが）……。

まあそれらの多くは、とにかく東京にはない。少なくとも、私の生活からは失われたものである。しかし、かと言って、郷里を現実以上に美化する気はない。社会空間の狭さ、濃密過ぎる人間関係、常に周囲の目を気にしなければならない窮屈さ、気にしなくてもよい人物についての多すぎる情報、嫉《ねた》みや妬《そね》みの連鎖、意味もない競争心、その背後の強力な横並び意識と虚栄心……。郷里を離れて暮らす人々の多くは、郷里という言葉に過剰な思い入れと意識的な無関心と異常な愛憎を複雑に同居させながら生きているというのが実態かもしれない。

マレーシアは、90年代に入り、突如と言ってよいくらい郷土愛に目覚め始めた。世界一の高さを目指したツイン・タワーの建設、南北を貫く高速道路の完成、「国産」車プロトンの生産、外国人はマレーシアの生活環境の良さを享受するためにやってくるとの首相の言説、そして、何よりも80年代後半の不況と政治危機を乗り越え、一気に消費物資のあふれる生活へと移行したことへの自信が、そうした郷土愛、愛国心の高揚をもたらしたと言えよう。

こうした郷土愛、愛国心の発現は、しばしば周囲との比較によってもたらされるものでもある。マレーシアの場合、特に隣国インドネシアが意識されることが多い。そもそも、中国人やインド

バイクから車へ　輸入車に生産国での売価の倍の関税をかけていたマレーシアでは、家よりも車が高い時代が続いた。しかし、ようやく日本との技術協力によって1980年代に国産車プロトンが生産され、車社会へと移行した

ツイン・タワー　一時世界一の高さを誇ったツイン・タワーは、クアラ・ルンプールのシンボル。首都は横に広がってきただけではなく、上にも伸び、奇抜なデザインの高層ビルが立ち並ぶ

人などの移民を除くマレーシアの住民のかなりの部分は、対岸あるいは隣接のスマトラ島やボルネオ（カリマンタン）島、さらにはジャワ島から移動してきた人々によって占められている。しかし、古くから移動して住み着いていた人々に対して、近年移動してきた人々は、そのほとんどがいったん不況となれば真っ先に整理され、本国へと退去させられる不法移民として位置づけられている。そのため、古くからの移民は、マレー人としてのアイデンティティーを表明することになる。豊かなマレー半島に移動してくる不法な下層労働者として、新参のインドネシア人を意識しようとし、その出身地であるインドネシアを見下そうとするのである。

このような優越意識は、マレー人エリートの間で特に顕著となってきている。ジャカルタを訪れた高級官吏は、その都市の雑踏と人々の暮らしぶりを目にし、優越感を募らせるらしい。「マレーシア　アズ　ナンバー　ワン」という、かつて日本が酔いしれた標語のマレーシア版が口ずさまれつつあったのが90年代後半のマレーシアであった。

## インド文明の伝播

私のインドネシア経験は、ソロ（スラカルタ）でのものである。もちろん、バリやジョクジャカルタ、ジャカルタのような町にもそれぞれ幾度かの滞在経験はあったが、ソロでの何週間かの経験は、私の基本的なインドネシア観を導くものであった。それは、ソロの人々の持つ自分たちのもつ文化への誇り、芸術活動への参加、大声を出さないとかできるだけ静かに表現するなどの身ぶりや話しぶりなど、様々な場面で醸し出されてくる全体の雰囲気の魅力による。

芸術活動そのものとしては、町の有力者の自宅や広場で夜遅くまで演じられるワヤン(影絵芝居)、舞踊、ガムラン音楽があるが、むしろ、そうした芸術に接している人々の雰囲気、とりわけ若者たちの真摯《しんし》な様子に深い印象を得た。身ぶりや話しぶりという点では、ジャワ語は、日本語と並んで身分、上下関係によって尊敬語や謙譲語などを使い分けなければならない珍しい言語であるが、単に言語がそのような性格を有しているというだけではなく、その言語構造が人々の振るまいのなかに自然に表現されていることに深い伝統と繊細さを感じるのである。

ジャワの社会は、人口密度の極めて高い社会であり、人々の濃厚な関係がそうした環境の中から生み出されてきたことは間違いないだろう。また、火山の爆発や地震が頻発するような天変地異に翻弄される社会であることも、人々の関係を濃密にすることに関係があるかもしれない。人は、寄り添っていなければ生きてはいけないからだ。

インドネシアの魅力は、そうした人々の生活や伝統の中だけにあるわけではない。シンガポールやマレー半島に代表される新規に開発された社会にはない、膨大な文化遺産が蓄積され、残されてきたからだ。その代表的なものは、ボロブドゥールに代表されるインド文明の影響を大きく受けた宗教遺跡である。

パガンの遺跡群　ミャンマーのエーヤワディ（イラワジ）河中流の平野部に広大な規模で広がるパガンの遺跡は、11〜13世紀に栄えたパガン朝の都。見渡す限りの仏教遺跡群に圧倒される

アンコールワット　アンコール朝の都アンコール（カンボジア）に立つこの聖殿は12世紀に建立された。周囲にはインドの影響を強く受けた多くの遺跡群が残されている

インド文明の東南アジアへの伝播については、たとえばミャンマーのパガンあたりからスタートして東南へ向かい、タイのスコータイ、カンボジアのアンコールワット、ヴェトナムのミソン、そこから南へ方向を修正してマレー半島のペナンの対岸にあるヒンドゥー遺跡ブジャン・ヴァレー、インドネシアのジョクジャカルタ周辺にあるボロブドゥールやプランバナン、そして最後はバリへと移動すれば、はっきりとインド文明の痕跡を確認することができるだろう。

## インドネシアの魅力

インドネシアで、そうしたインド文明の雰囲気を味わおうとするならば、まず訪れるべきはディエン高原である。ジャワ島中部の標高２０００メートル前後のこの高原に位置する遺跡の建造物は、ひとつひとつとしてはさして規模の大きなものではないが、７世紀から13世紀にかけて、この霧のかかる高原という舞台で、人々がヒンドゥーの神々を前にして瞑想の日々をおくったことに思いを馳せるならば、その幽玄な雰囲気に充分に酔うことができよう。その時、インド思想が広く人々の心をとらえ、アジアの内陸部から中国の西方を経由して日本にまで至り、現在の奈良や京都の寺院群を生み出していったこと、同時に、海の交易路の重要な拠点であったスリランカから東南アジア各地へと同様に伝播しながら上記の遺跡群を生み出していったことを思い浮かべるならば、思想というものの甚大な影響力に驚かざるをえないはずである。

ボロブドゥール　高さ40メートル以上に及ぶ東南アジア屈指の仏教遺跡であるインドネシアのボロブドゥールは、8世紀半ばから100年の時間をかけて建造された

プランバナン寺院　9世紀半ばにボロブドゥールからさほど遠くない地に建造されたプランバナン寺院は、ヒンドゥー教の色彩が色濃く出ている。復元される前の状況を見ると、人類の偉大さを感じる

ディエン高原のヒンドゥー寺院　標高2000メートルの地にひっそりと佇（たたず）むインドネシアの寺院群は、8世紀頃から数世紀にわたって建造された。その外観は、南インドの寺院によく似ている

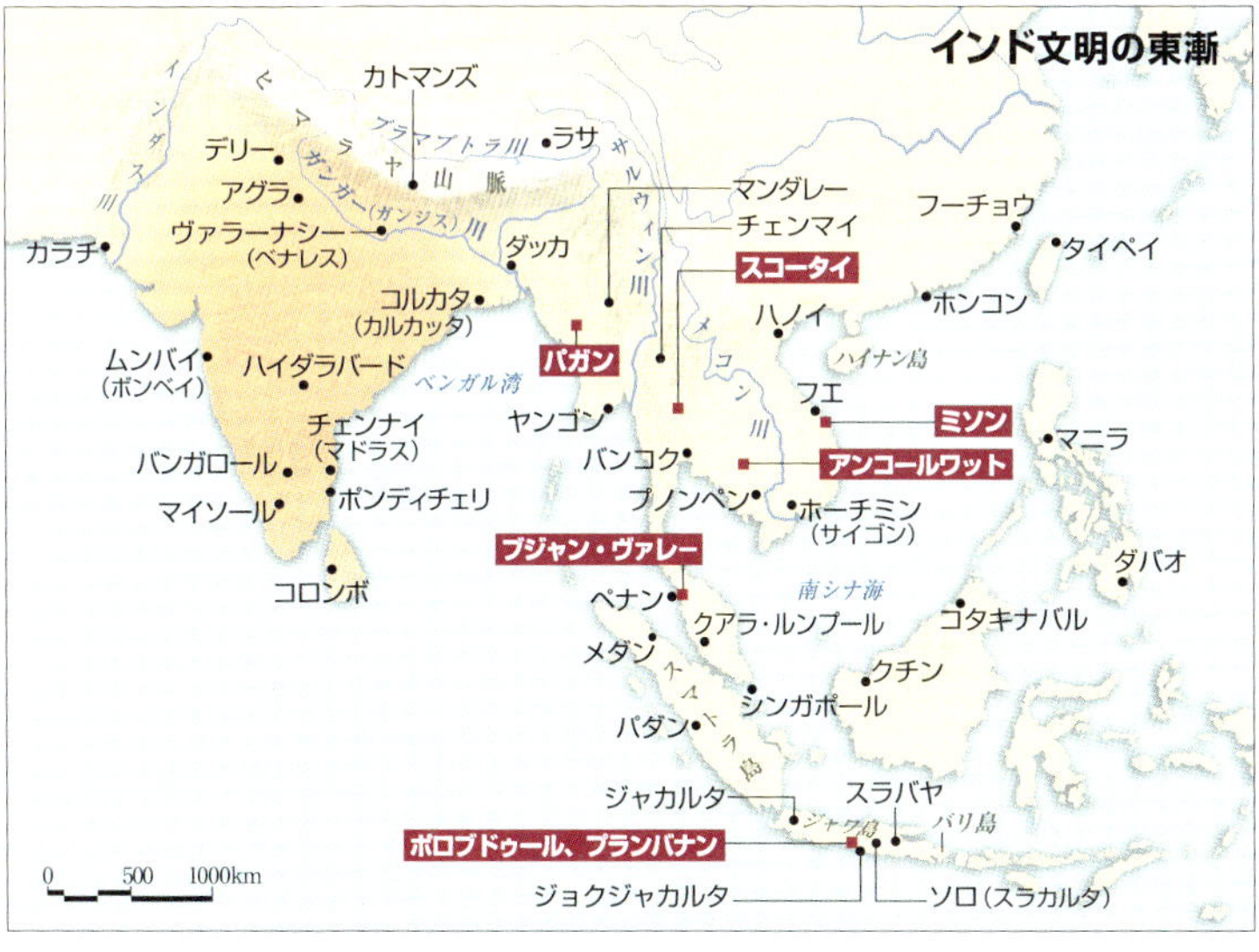

バリでの街頭仮面劇　インド文明伝播の東の端はインドネシアのバリ。カースト制に類似した社会制度があるだけではなく、ラーマーヤナに代表されるインド神話が、日常の様々な文化活動の中に生きている
トランス状態の演者たち(左)　トランス（憑依〈ひょうい〉）状態になるのは、舞台の上で観客の目を意識した演者だけではない。トランスは、ごく日常的に目にする

もちろん、インド文明の影響は、こうした過去の遺跡のみにとどまっているわけではない。もっとも目に見える形で残り、今も人々の心象の中に繰り返し訴えかけているのはラーマーヤナであろう。ラーマ王子とシーター姫、シーターを奪い去るラヴァナ魔王、シーターを救い出す猿のハヌマーンという代表的な配役が登場するラーマーヤナは、ジャワの影絵はもちろん、街頭劇、舞台劇、舞踊など、様々な形で極めて頻繁に演じられる。さらに東のバリまで行けば、それに生きたニワトリを演

者たちがトランス（憑依《ひょうい》）状態になって食いちぎるシーンまで加わって、壮絶なものとなる。しかも、この善と悪との闘いは、いつまでも決着がつかない形で構成されているために、繰り返し繰り返し演じられても違和感はないというのがいかにも東南アジアらしい。

またまた話題がそれてしまったが、一言で言うならば、インドネシアには、マレーシアやシンガポールのような19世紀以降に開発されるようになった社会にはないような実に魅力的な伝統がしっかりと生きているということである。はっきり言って、マレーシアやシンガポールがインドネシアをばかにするのは500年ほど早い。

しかし、よく考えてみると、私が郷里に対して抱く二律背反的な思いは、インドネシアへの思いと随分と矛盾していることになる。濃密な人間関係、狭い社会空間、煩雑な上下関係、尊敬語・謙譲語、道路の脇の脇まで野菜を植えてしまう泥臭い生活環境……。それらはいずれも私が郷里に対して忌み嫌ったものであり、インドネシアに対して愛着を感じたものでもある。おそらく、そうした諸状況が喪失した都市空間で生きざるをえないがゆえの、かなり屈折した精神構造のなせるわざなのだろう。

# おわりに

次の文は、私が本書の執筆を再開するちょうど1年前に、南インドのマングディ村に再調査に向かう旅の途上で書き記したものである。しかし、この文を書いた直後に村を再訪した私は、その続きをすぐに書き始めることができなかった。心の整理が付かなかった。

## 幻の冒頭

はじめに
1979年、20代の後半。2007年、50代の半ば。
この数十年を確かめる旅の途上で、デジタル化した数千枚の写真を、今飛行機の中のパソコンの画面で確かめている。
写真の中にあるのは、かすかに見えるあごひげと長い髪が組み合わさった痩せ細った自分。一緒に訪れた先のインド人がこのあごひげをゴーティッシュ（山羊のひげ）と呼んだのを聞いて笑いに笑った調査隊のリーダー原忠彦先生は、インド調査の次に組織されたバングラデシュ調査の途次に客死された。同じ隊のメンバーで、その後私の最大のサポーターであり続けてくださった駒澤大学の菱口《こもぐち》善美先生も、60そこそこでこの世を去られた。70年代末から80年代初めの南インドで、延べ1～2年かけ、まだ電気や水もトイレも自由にならない村でそれぞれ住み込み調査をおこなったメンバーのうち既に2人がこの世を去り、最も若かった私自身も既に50代半ばに入った。満天の星の下で、毎日のように私が暮らす2階家に続く屋上で笑いこけていた村の若者たちも、50代にさしかかっているはずだ。私の3歳の息子のポケットに、こぼれ落ちるほどの落花生を詰めてくれた村人の中には、この世を去った人もいるだろう。

そんな以前のことよりも、そもそも現在の村はどのようになっているのだろう。確かに、ウェッブでかつて調査したマングディ村を調べてみると、20軒以上の電話所有者のリストが出てくる。あの頃は、電話など全くなかった。私が作った即席ブランコの座席に使っていた鉄片が頭に落ちてきて息子が大怪我をしたときも、助手を私の50ccの小さなバイクで近くの町へ送り、タクシーを迎えに行かせざるをえなかった。待つ時間の長かったこと。

10年ほど前、夜遅くほんの30分ほど村を訪れることができたけれども、知った顔にはぶつからなかった。多くが湾岸へ出稼ぎに行ったと聞いたが本当だろうか。いやそれよりも何よりも、数十年ぶりに再会するのだから、何かおみやげを用意しなくては。以前は折りたたみ傘を何本か用意していったと思う。でも、1～2年前に訪れたチェンナイには賑やかなショッピング・コンプレックスが多くの客を集めており、折りたたみ傘などありがたくもないかもしれない。私がおみ

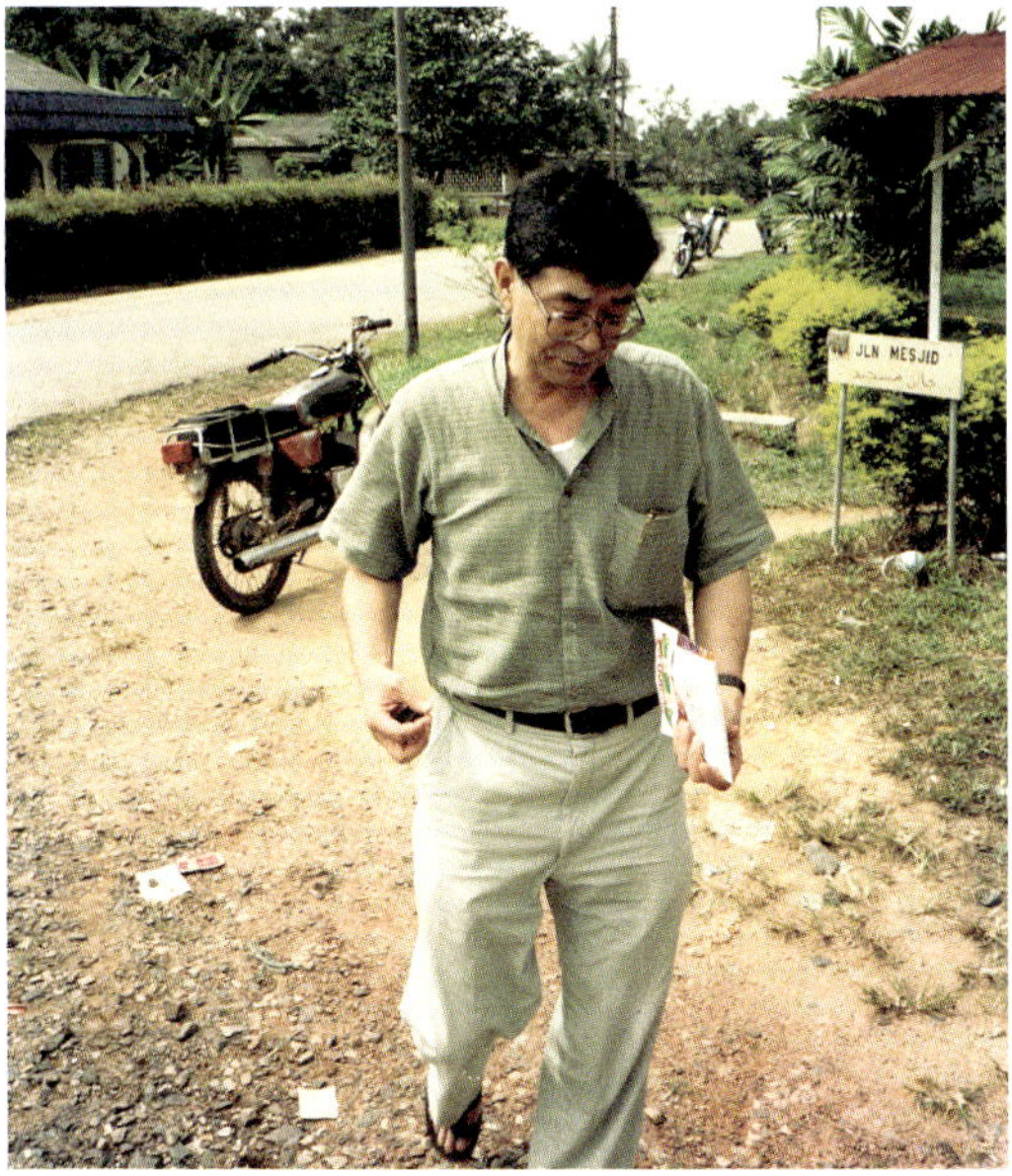


調査チーム　暑い南インドから、緑の革命の最先端地である北インドのハリアナ州クルクシェトラを訪れると、農業規模の大きさと機械化の進展だけではなく、涼しく、天国に感じた。1980年代初めで右端が著者、左端が妻と息子（上）。左の写真は葵口（こもぐち）先生

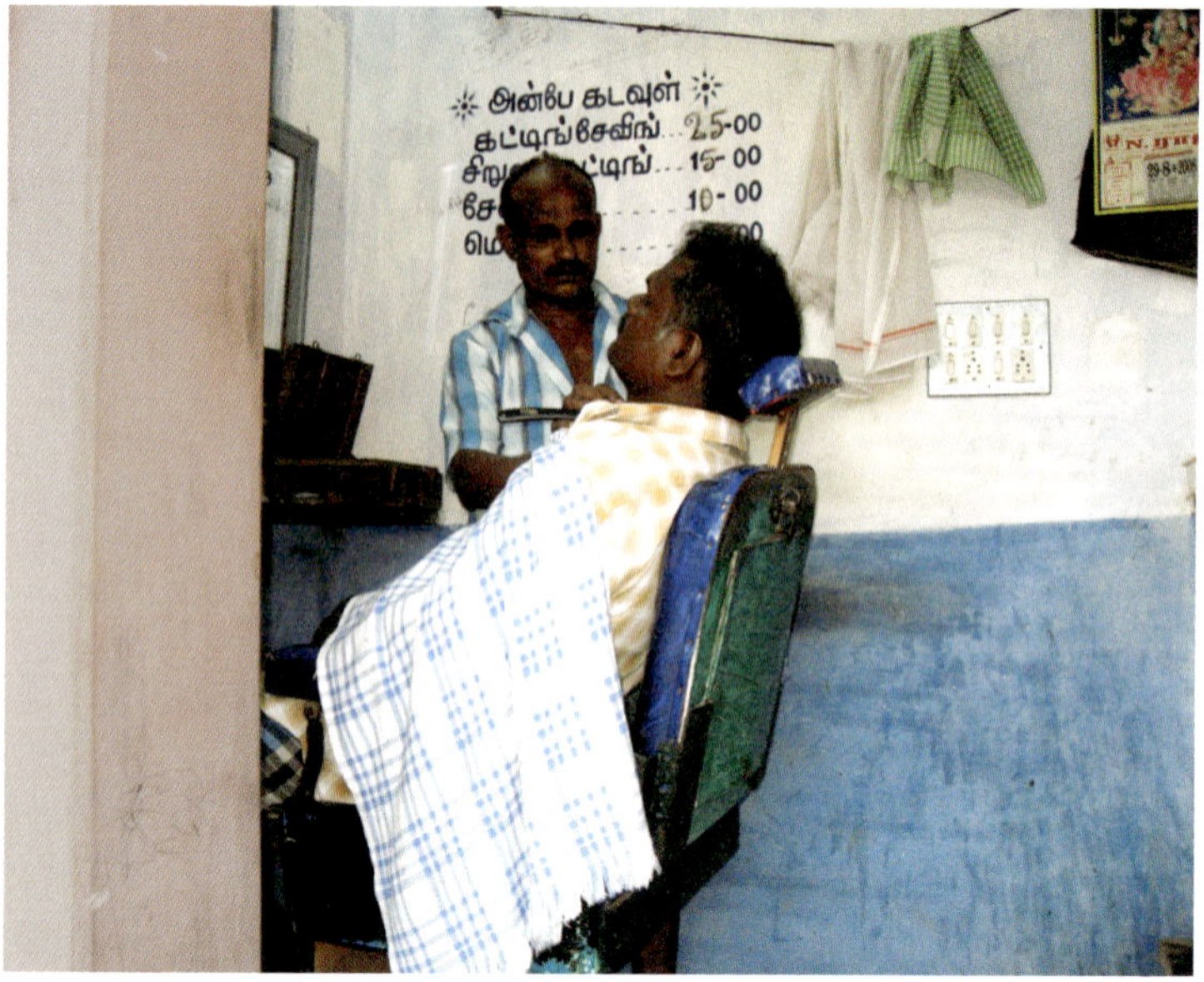

村の床屋と町の果物屋　かつて、道具をもって家々を回っていた床屋は、今では店舗を構え、壁にひげそりから調髪までの料金表を張り出して営業する。果物屋には、リンゴやオレンジ、各種野菜などが整然と揃い、見違えるようだ

やげに持ち込めるのは、おそらく、数十年前の村の人々の顔と暮らしぶり、そして思い出ぐらい。せめて、プロジェクターを運び込んで、デジタル化した当時の写真を村の広場で映写してみよう。数十年前の村の人々、私、私の家族を壁に映そう。思い起こしてくれるだろうか。覚えてくれているだろうか。

２００６年暮れの私のこの短い旅は、１９７０年代末から80年代初めにかけて、そこに暮らすことによってインド農村の劇的な変化を目撃した私が、その後4半世紀の変化を確認する旅となるはずだ。その旅の最初の時間に、今私は書き始めている。

## 執筆のエネルギー

それから1年を経てようやく、調査の体制を整え、得られた情報を組織する目途がたった。何とか書き始め、そして一気に書き終えることができたのが本書である。

実際の調査を終えるには、まだ1年かかるが、その際には、エッセイではなく、今少し学術的な書をしたためるつもりである。本書は、むしろそうした学術書では自由に書くことのできない部分をまとめたという性格のものである。インド、そしてインド人と切っても切れない日本の方々に読んでいただければ幸いである。

木村滋氏と柴永文夫氏の訪問を受け、本書の執筆を依頼されてから随分と時が経ってしまった。インドとマレーシアを対象にしたエッセイとのことであったが、日々の忙しさは、私と調査村との距離まで離れさせそうになっていた。しかし、その後何とか再調査の申請が通り、科学研究費を得られたことから調査を再組織することができた。久し振りにゆっくりと訪れることのできたマングディ村やネイクラム村の空気は、私に本書執筆のエネルギーを与えてくれ、何とか書き終えることができた。マレーシアの経験についても書いているが、いずれもマレーシアのインド人を対象にしたものであり、タイトルも『インド・から』とさせていただいた。

粘り強く執筆を促してくださった木村氏はもちろん、マングディ村、ネイクラム村、ジャム村の友人たち、調査隊のメンバーをはじめ、内外でお世話になった方々に深く感謝したい。

**水島 司**　みずしま つかさ

1952年富山県生まれ。東京大学文学部東洋史学科卒業、同大学院修士課程修了。博士(文学)。東京外国語大学アジア・アフリカ言語文化研究所教授などをへて、現在、東京大学大学院人文社会系研究科教授。専攻は南アジア史。71年以来、毎年インドをはじめシンガポール、マレーシアなどの都市や農村でフィールドワークをおこない、南インド在地社会における歴史的変動の解明の研究に取り組んでいる。

主な著書に『前近代南インドの社会構造と社会空間』(東京大学出版会)、『グローバル・ヒストリー入門』(山川出版社)。主な編著に『暮らしがわかるアジア読本　マレーシア』(河出書房新社)、『現代南アジア6　世界システムとネットワーク』(東京大学出版会)、『グローバル・ヒストリーの挑戦』(山川出版社)。主な共著に『世界の歴史14　ムガル帝国から英領インドへ』(中公文庫)、『世界歴史体系　南アジア史3　南インド』(山川出版社)。

インド・から

2010年11月15日　1刷印刷
2010年11月25日　1刷発行

著　者　水島《みずしま》 司《つかさ》

発行者　野澤伸平

発行所　株式会社　山川出版社
〒101-0047　東京都千代田区内神田1-13-13
電話　03(3293)8131(営業)　8134(編集)
http://www.yamakawa.co.jp/
振替　00120-9-43993

印刷所　半七写真印刷工業 株式会社
製本所　株式会社 手塚製本所
編集協力　木村 滋+柴永文夫
装　幀　柴永文夫+中村竜太郎
本文DTP　柴永事務所


ISBN 978-4-634-64053-5